借りない資金繰り

古尾谷 未央
Mio Furuoya

序　章　借りない資金繰りのススメ

　東京23区に本店を構える信用金庫が公表している2017年3月時点での貸付条件変更の債権数は，2013年の金融円滑化法終了時点と比べると現在はほぼ2倍の数値になっています。

単位：件

	朝日 信用金庫	東京東 信用金庫	さわやか 信用金庫	城北 信用金庫	その他	合計
2013年3月	47,788	31,470	30,501	27,863	135,382	273,004
2017年3月	91,365	61,160	58,461	58,773	250,243	520,002
差引増加	43,577	29,690	27,960	30,910	114,861	246,998

（出典：帝国データバンク）

　そういった状況を作り出している最大の要因と言われているのが「中小企業円滑化法」の実質的な効果延長措置です。同法はリーマン・ショックの影響で倒産が多発した2009年12月に施行され，2013年3月末に40カ月の施行期間を終えたのですが，その後も各金融機関は融資先の中小企業から支払融資等の要請があれば，施行期間中と変わらない柔軟な対応をしています。

　金融円滑化法施行以降，長期にわたり支払猶予を受けている中小企業は全国に相当数あり，今もなお増え続けています。いずれの中小企業もなかなか業況が改善せず，借入過多で資金繰りに苦しんでいます。金融機関に助けを求めると，改善するための時間的な猶予が与えられ多少資金繰りは緩和されますが，根本の解決にはなりません。金融機関は，お

金を貸して「利息をもらい回収する」ことが仕事です。中小企業に対する支払猶予も，企業の再建を支援し回収の確度を上げることが目的でもあるのです。中小企業の社長は，当たり前のことですが，自分の会社は自分で何とかしなければならないのです。

　社長は絶対に企業を潰してはなりません。自覚と責任を持って企業を永続させていく必要があります。これは私自身，金融機関にいて多くの倒産を目の当たりにしてきたことや，祖母が何代も続く酒蔵の出身であったこと，さらには祖父が創業した事業が70年以上経った今も続いていることなどから，企業を継続することの大切さを強く感じているからです。

　そこで，中小企業が目指すのは「借りない資金繰り」です。これは，金融機関頼みの資金繰りでは無く，自己資金を中心に繰り回すことを目指すものです。そのために企業は，資金繰り計画を立て地道に改善を実行し，小さい努力と成果を積み重ねてB/Sを改善させていくのです。これこそが企業の継続性を高める最善策となります。

　平成29年5月29日に「早期経営改善計画策定支援」という制度ができ，国も中小企業の早期の計画策定を推進しています。ここでは，業況が悪化する前に改善計画を立てるよう促しており，特に「資金繰り管理」について強く謳っています。つまり，既述の通り金融機関の条件変更債権が大幅に増えている状況を踏まえ，業績が悪化してリスケジュールに陥ってしまう前に，早めに資金繰り管理による改善に着手すべきと言っているのです。一度条件変更をしてしまうと，なかなか業績が改善できずズルズルと継続してしまいがちです。そのため，リスケジュール

している企業は早急に正常化に向けて資金繰り計画を立て，リスケの出口を金融機関と一緒に考えて行かねばなりません。社長自身が資金繰り計画を立てて考えなければ，リスケジュールを解消することは絶対にできないのです。

　本書では，この「借りない資金繰り」の実践方法や取り組み内容を通じて，中小企業が"金融機関頼み"の資金繰りから脱却し，安定して経営できることを目指していきます。また金融機関の方々にも，多くの中小企業の事例や内部状況を知ってもらい，資金繰り分析の方法や計画策定方法などを身に付け，是非支援に活用していただきたいと思います。

　本書で取り上げている「借りない資金繰り」のサイクルを実践すれば，多くの中小企業が健全な財務体質に変わり，自己資金中心に資金繰りができるようになると確信しています。健全な財務体質に変わっていくことが，まさに今の時代中小企業には求められているのです。こうなれば，金融機関はもっと踏み込んだ支援ができ，社長も今まで以上に前向きに仕事に取り組み企業成長のスピードも高まるはずです。本書を通じて，中小企業，ひいては日本経済の発展に少しでも寄与できれば私としても大変嬉しく思います。

平成29年10月

古尾谷　未央

第1章

中小企業と金融機関の深い溝

1-1 裏切りの連鎖

　中小企業は金融機関を裏切り，金融機関は中小企業を裏切る。この連鎖は最悪の結末を迎えるまで続きます。企業は業績が悪化すると，粉飾決算や虚偽報告，返済遅延やリスケに次ぐリスケによって徐々に金融機関の信頼を失い，最終的に支援をストップされて資金繰りが破綻してしまいます。また金融機関は企業への猜疑心が募り，悪い未来しか想像できなくなり，最終的に見放してしまうのです。この裏切りの連鎖は止められないのでしょうか。私自身，金融機関に10年，中小企業支援に10年の経験がありますが，企業がもっと資金繰りを重視し金融機関とコミュニケーションを取っていれば，最悪の結末を避けられた事例は多数あったのではないかと強く思います。

　そのためには，企業はもう少し金融機関の言うことに耳を傾けるべきではないでしょうか。社長は，借入をする時には金融機関の話を積極的に聞こうとしますが，そうでない時は聞き流していることが多過ぎると思います。また借入返済が遅延してくると関係は悪化の一途をたどり，金融機関が悪意を持って取り調べをしているという印象を受け，最終的に敵として見るようになってしまうのです。

　また金融機関も，企業に対し早い段階から資金繰りについて指導していれば，そこまで悪化せずに多くの企業を救済することができたのではないでしょうか。教科書に書いてあることを鵜呑みにした支援にとどまらず，もう少し企業のことを理解するよう努力しなければなりません。そのためには，社長の話をもっと真摯に聞く姿勢や親身になって考える姿勢が求められます。決算についてダメ出しをするだけでは，傷に塩を塗るだけであり，企業を良い方向へ導くことはできません。

　やはり，継続的に信頼関係を築いていくことが，双方にとって有効なのです。いがみ合うのではなく，関係が悪化してしまう前に，お互いにもう少し歩み寄ることが大切です。

　中小企業の社長は，人から言われて物事をやるのが好きではありません。ある程度自分の裁量で物事を決めて進めたいからこそ，社長になっているのです。そして人を使って事業をしていますので，人を見抜く洞察力は金融機関の職員よりはるかに優れています。このため，「この担当者は上辺だけで本気で言っていない」と察したら，その時点で失望してしまうのです。反対に企業のことを本気で考えている担当者に対しては，「この人の言うことは筋が通っている」と感じ，信頼関係を持ちたいと考えます。そうでない場合，たとえ支店長であっても心の中では軽視することもあるのです。もちろん社長は聞いたふりもするので支店長も良い印象を持ちますが，実際のところは批判的に受けて止めていることもあるのです。これは，私自身多くの優良企業の社長とご一緒させて頂いて，実感しています。

　金融機関の職員は，言葉は悪いですが所詮サラリーマンです。言ってしまえば，本当の意味で事業が何たるかを知っている訳ではありません。経営したことが無いのでそれは当然です。しかし金融機関の職員は，決算書を見ただけで事業内容の全てを理解していると思い，紋切り型のアドバイスや提案ばかりに終始し，それが溝を深める原因にもなっているのです。多くのビジネス書から得た知識は豊富だと思いますが，自らの経験則が入っていないことを社長に伝えたところで，何も響かないのです。もちろん，それらのアドバイスや提案が間違っている訳ではないのですが，企業は改善を実行するにあたり様々なハードルがあり，

それができないからこそ今厳しい状況に陥っていることを理解しなくてはなりません。一番ドロドロした人の問題などについては，面倒なので金融機関は見ようとはしません。これでは，企業を理解することは絶対にできないでしょう。

　企業にとって過去は変えられません。しかし金融機関は，企業を過去の数字だけで判断しようとします。「今後企業をこのように変えて利益を出す体制にします」と具体的な話をしても，金融機関はなかなか信用しません。血のにじむ努力をしても，外部環境の悪化でどうしても結果が出なかったという場合もあるのです。また，金融機関は企業の経営改善計画に対して「計画に具体性が無い」「数字の根拠が甘い」と指摘するのが仕事になってしまっています。言われた方はたまったものではないのですが，当の金融機関は間違ったことを言っているとは思っていません。鋭いことを言ったと自己満足している人も多いのですが，どの企業でも当てはまることを指摘していることが大半で，社長の心に刺さるものではないのです。金融機関は，もっとしっかりと企業の改善の取り組み状況や内容を見て，業績が回復傾向なのかどうか判断することはできないのでしょうか。また，なぜ2期連続の赤字となってしまったのかなど，その要因まで深く掘り下げ，どこをどうすれば良くなるのかを一緒に考えることはできないのでしょうか。もし金融機関がこういった対応であれば，企業に頼られる存在になるのですが，金融機関はただ「赤字企業＝ダメな社長」という烙印を押して終わりなのです。それゆえ企業は，金融機関の言うことを真摯に受け止めることができなくなってしまうのです。これでは「裏切りの連鎖」を断ち切ることはできません。これが中小企業と金融機関の関係なのです。

　では，どのように「裏切りの連鎖」を断ち切るのでしょうか。1つ事例を紹介します。

　近年アパレル業界には不況の嵐が吹いており，ファストファッションやネットの急速な伸びにより，実店舗での販売が低迷を余儀なくされています。現在とある中小アパレルメーカーも苦しい状況に陥っています。そこで社長は，「もう会社を潰そう」と言って幹部の本気を引き出すように仕掛けました。また，主力取引先に対しても，契約打ち切りを覚悟して価格交渉に臨んだのです。まだ若くバイタリティーもある社長と幹部であれば，過去に大きく売上を伸ばした実績から見て，もう一度成長の絵を描ける可能性は十分ありました。しかし金融機関は，アパレル業というだけで色眼鏡で見て，回復の余地があることを理解しようとはしなかったのです。しかしそんな状況にあっても社長は，立て直すための経営方針をしっかりと定め，それを社員にも落とし込み努力をしていました。本当に真剣に寝食を忘れて再建に取り組んでいたのです。そこで社長はこういった考えや取組み内容を改善計画書に落とし込み，金融機関に裏切られたという思いを捨て，努力して説明したのです。この結果，金融機関から引き続き融資を継続してもらうことができ，少しずつですが売上も利益も回復傾向になり，企業の継続が可能となったのです。

　このように，社長は金融機関の考え方を知った上で，自ら歩み寄り，良い関係を築いていくことが大切です。裏切りの連鎖のきっかけは，粉飾決算や虚偽報告，返済遅延など企業側から起こることがほとんどです。そのため，そういったことが起こらないよう，まずは「数字で自社をしっかりと理解して語れること」が重要となります。そのためには，過去と現在を決算書と資金繰りでしっかり理解し，そして未来も数字で

表現できることが大切なのです。金融機関との対話で最も有効なのが「資金繰り」です。資金繰りを年間でしっかりと計画している企業は，自社のことを過去・現在・未来と全て理解できていて，借入の必要時期や金額も事前に明らかとなり，金融機関から信用されます。

　裏切りの連鎖に陥ることのないよう，社長は資金繰りなど自社の数字に対する理解や把握度が企業の継続性を左右すると肝に銘じ，しっかりと取り組んでいくことが大切になります。

1-2　粉飾決算について

　ここで，実際に私が体験したことをご紹介したいと思います。ある日，経営再建中の企業の経理担当から連絡がありました。月次の試算表について，売上を過大に計上するように社長から指示があったとのことでした。予想をはるかに下回る業績となってしまい，金融機関に説明がつかなくなったことが理由です。外部の税理士や我々にも売上過大計上後の試算表を出すように，とのことでした。これについて，社長の立場に立って考えてみるとどうなのでしょうか。良く見せたいと思うのは人の心理です。しかし，自分に嘘をついてしまうと，そこから何についても馬鹿らしくなり，本気で改善しようという意欲が無くなってしまうのが一番の問題です。

　その他，社内のモチベーションも大きく下がり，特に不正を好まない経理などは，社長への信頼が揺らいでしまうでしょう。その結果，社内全体に悪い噂として広がり，収集がつかなくなってしまうのです。実際，この会社でも経理2人がもう辞めたいと申し出ていました。本当の数字がわからなくなると，社長自身が一番苦しむことになるので，そこ

をしっかりと認識するべきです。金融機関はだませても，自分自身はだませません。自分への甘やかしが再建への道を遠ざけていくのです。

　黒字決算をしている企業が，突然破産申し立てになる場合があります。反対に，赤字決算が続いていても，何とか持ちこたえて少しずつ改善する企業もあります。このことからも，粉飾している企業の方が倒産する確率は高いと私は考えています。これは，本気で改革に着手することができない社長だということを表しています。ある倒産した中小メーカーでは，資金繰りは融資頼みという状況でした。このため，金融機関に提出する決算や試算表は必ず粉飾していました。それでしのげれば良いという甘い考えが改革を阻み，ズルズルと赤字体質から抜け出せなくなってしまっていたのです。数字を少しごまかせば金融機関は資金をつないでくれるので，どこかで断ち切らなければならないと分かっていても，なかなか腹が決まらなかったのです。しかし，この積み重ねによって社長が易きに流れてしまい，痛みを伴う改革へ着手できず，行くところまで行ってしまったのです。相談があった時には，既に手遅れな状況でした。

　中小企業の粉飾でよく使われるのが在庫勘定です。以前，私が金融機関時代に担当していた砕石業者で粉飾決算を目の当たりにしたことがあります。在庫水準が同業者に比べて高く，過去10年間で倍以上の在庫金額となっていました。期末在庫を増やすと決算上の利益は簡単に出せるので，社長は安易に在庫勘定を操作してしまうのです。在庫の評価方法を変えるだけでも黒字化は可能で，合法的にやれることも多く粉飾かどうかは微妙なところもありますが，長い目で見た場合こういった調整はやるべきではありません。

社長も粉飾した嘘の決算を見ていると，何となく数字は真実を語っているようで，危機感が薄れていってしまいます。しかし，資金繰りは事実であり，ここから目を背けないことが社長の意識改革へとつながります。実際，厳しいことを言ってくれる人は社長の周りにはいないため，今の本当の姿を数字で見ることは大変意義があるのです。

　決算だけで「本当の利益」を見極めるのは困難です。在庫は資産ですが，減耗や紛失してしまうことも多く，本当にその金額の全てに価値があると評価できるわけではありません。資金繰りで見れば在庫という資産の考えはなく，支払った時に全て支出と考えます。「在庫はある，だから利益はある」では，決算上のロジックに過ぎず，すでに資金は無いので，経営においてはあまり意味がありません。では，何をもって本当の利益とすればよいのでしょうか。これは，「現預金の増減」をしっかり見ることがポイントとなります。毎月の経費の支払いと借入金の返済を順調に行って，現預金が少しずつでも増えていれば，利益がキャッシュで残っていると分かります。逆に減っている状況は，仕入が先行して在庫となっている場合などを除いて，赤字以外にまずありえません。

　そもそも，P/L上の利益は実態のないただの数字に過ぎません。資金として残って初めて利益と言えるのではないでしょうか。そのため，資金繰りでしっかりと「経常収支」と「資金残」を確認することが，企業経営において重要となるのです。

1-3　社内悪を見つける

　社長が改革に着手する時，これまで働いてくれた社員に対する情が邪

魔をして，簡単にリストラはできません。しかし金融機関は基本的に，リストラによるコストカットを改善の柱として迫ってきます。もちろん，「数字だけを見れば」それが最も良い選択に間違いないのですが，社内のムード，働く社員のモチベーションのことは考えていません。さらなる人員削減は売上ダウンにつながる可能性が高く，結果として，もっと苦しむことになってしまいます。

　社長は，企業の全体と部分までしっかりと理解し，日々変わる実際の現場を見て変化要因を把握し，企業全体としてどういう方向に向かっているのか確認することが大切です。なお，氷山として水面に表れているは問題のほんの一部でしかありません。現場をただ眺めるのではなく，その水面下に隠れている大きな問題に目を向ける必要があるのです。

　私自身，金融機関時代は，なぜ取引先の企業が倒産したか，その本当の原因が分からないこともありました。もちろん，弁護士等が出す破産申し立て書には目を通しますが，それは事実のごく一部にしか過ぎませんし，外部環境のせいにするなど対外的に納得されやすいものになってしまっています。そこに至るまでの壮絶なドラマは分かるよしも無かったのです。業績が回復した場合もしかりで，外部環境が良くなったから，という点からしか考えていませんでした。実際のところ，中小企業が成長するのも，衰退して倒産するのも，多くの場合は内部要因です。

　多くの社長は，頑張っているのに結果が出ず，本当に辛い日々を過ごしています。どんなに業績が厳しい企業でも，社長は本当に全てをかけて仕事に取り組んでいるのです。どんな金融機関の職員よりも24時間365日仕事のことを考え，社員の生活を守ろうと頑張っています。しかし，一向に改善が進まないのも事実です。この原因は何なのでしょう

か。社長はどうしても外部環境のせいにしたがりますが，実はそうではなく，多くの場合，外部環境の悪化に伴い内部にあった「社内悪」が露呈してきただけなのです。これをつぶさない限り企業は絶対に良くなりません。

　この「社内悪」の見つけ方は単純です。もともと企業は順調だった時期もあるはずなので，過去10年間で何を変えてきたのかB/Sをもとに調べるのです。その過程で起こった小さな失敗が積み重なって，現在の苦境に至っていることが多いはずです。その際は，これまでの投資分の資金を捨てる覚悟で元に戻すことが必要です。その決断を遅らせてきたからこそ，今の状況にあるのです。

　企業はまず「やめること」を決めなければなりません。多くの社長は新しく何かを始めなければと考えますが，そうでは無く，まず「やめること」を決め，社員がもっと無駄な努力をせず働けるような環境をつくることが重要です。

　社長が社内に対する信頼を回復させ，残った人員で乗り切るようにできるかどうかが企業の再建を左右するポイントです。従業員が「社長のために頑張ろう」という気にならない限り，企業は絶対に変わらないのです。

　業績が厳しくなると，自然と優秀な社員から企業を去っていきます。そして残った社員で企業を再建していくことになります。しかし社長も何をすべきか確信が持てず，不安だけが付いて回り，徐々に打てる手が無くなり，さらに事態は悪化していきます。この繰り返しで業績が改善せず，あえいでいる中小企業が多いのです。やってもやっても改善効果が見られないと，社長も徐々にやる気を失っていき，心理的な負担とス

トレスも大きくなり，もう倒産した方が楽だと考えるようになります。こうなる前に，過去をしっかり数字で分析して「社内悪」を特定し，変える勇気を持つことが重要となるのです。

1-4　【事例】先延ばしにした決断の行方

（1）現状について

　当社は惣菜品メーカーとして50年の歴史があり，社長は2代目として会社を引き継いだのですが，現在厳しい状況にあります。その主な原因としては，取引の大半が食品スーパーへの卸し売りのため，構造的に利益が出せていないことにありました。製造小売業に比べると販売価格が7掛け程度しかなく，また価格も先方の言いなりで，利益を生み出すまでの管理が難しかったのです。このように価格の決定権が無いと，いつまでも赤字体質のままになってしまいます。社長としては，良いものを作って高価格化によって収支改善したいという思いもありましたが，原料コストが上がっていることもありなかなか思うように進みませんでした。大手企業と競合して製品を作り販売していくのは，本当に難しいことです。大手は大量仕入れによって原材料費を抑え，また機械化も推進しており，当社のように人海戦術で製造していく高コスト体質ではないからです。価格競争力においては，とてもかなう相手ではありません。

　当社のような場合，収益構造を変えるにはどうしたら良いのでしょうか。そのためには，工場の閉鎖・縮小移転など，大きく撤退する思い切った決断が必要です。大幅なリストラが必要になるかもしれません

が，ここでの決断が後々に良い結果をもたらすのです。その上で，スーパーなどの小売店と交渉するしかありません。先送りして決断を延ばしていては，ズルズルと悪い方向に行ってしまいます。

　金融機関は，売上が落ちていることを理由に，「やることをやっていないから赤字になっている」「社長の経営能力や努力が足りない」と厳しい見方です。利益率を重視した販売戦略に切り替えている関係上，売上ダウンはやむを得ない部分もあるのですが，金融機関は「粗利を上げながら売上も落とさない」ということを繰り返し言います。また，すぐに目に見え取り組み易い，資産売却やリストラを強く要求してきます。中には短期的にやれることもありますが，余剰人員のいない中小企業ではそう簡単にいかないのが現実なのです。

(2) 改善への取り組み

　資金が残る体質になっていない中で売上だけ伸ばしても，資金繰りは何ら改善しません。このため，まずは見えないコストが多く掛かっている仕事や，人手を食う仕事をやめることから着手します。順番を間違えていては，いつまでたっても資金繰りは良くなりません。このため，本当に儲かっている仕事は何なのか，これをしっかり洗い出す必要があるのです。

　当社は，毎月の売上のばらつきが大きいため，月によっては固定費を吸収できていません。資金繰りの改善では，そこを穴埋めする受注策が必要なのですが，競合との問題，そして工場の問題もあり難しい状況です。むやみに受注を増やせばかえって無駄が生じ，逆に収益は下がってしまいます。社長の管理スパンを超えてしまうと，赤字はもっと拡大し

てしまうのです。ここでは，社長がコスト構造を見られるレベルまで受注を減らし，黒字転換を目指すことが最善です。そのため，受注が減っても資金繰りが持つかどうかのシミュレーションを何度もする必要があります。こういった資金繰りのシミュレーションを行い，売上をどこまで減らしても問題ないのかが分かれば，安心して改革に着手できるはずです。

　当社ではまずは主力の食品スーパー数社に対して，品目の絞り込みと値上げを要求しました。「値上げに応じていただけないのであれば，3ヶ月はこれまでの価格でやりますので，その後は別の取引先を探して下さい」といったように，可能性を残しつつ交渉したのです。それが駄目であれば当社側から契約を打ち切る覚悟でした。取引先の言いなりになって経営破たんしてしまっては，何のための事業なのか分かりません。これは働く社員のためにも避けなければなりません。

　さらに，以下は資金繰り改善で一番に取り組むべき内容となりますが，採算分析を行って，仕入発注や在庫管理についての見直しを実施しました。すると，材料の仕入過多やそれによる廃棄ロスなど利益の取りこぼしが判明したのです。月末の実地棚卸表を確認していくと，マヨネーズが12本（1本10キロ）も残っていたり，その他にも必要以上の材料が大量に発見されました。また，冷凍倉庫を整理したところ，もはや販売できない余剰在庫や商品が多数見つかり，廃棄するための費用が1百万円も掛かってしまいました。その廃棄分を通常販売していたと想定すると，売価にして5百万円以上となりますので，もはや自ら損を生み出している状況といっても過言ではありません。これでは資金繰りがひっ迫するのは当然です。

こういった状況にありながら金融機関の本部では，当社の工場の現場は問題なく，受注量の不足が赤字の要因であると捉え，売上を伸ばすように再三要請してきました。このため社長は，金融機関の言うことに振り回され，将算の取れない新しい取引先の開拓に奔走していた，というのが実態だったのです。

　また，夏場や秋口など季節の変わり目では，色々な要因から商品が予定通りできないことも多く，約1週間は材料費が多く掛かってしまい原価率に影響を及ぼします。試作をする際にも様々な材料を使うのですが，社員は「失敗してもいいや」という気持ちが強く，コスト意識が欠如していました。これは明らかに社長の責任です。他にも，仕入の請求書をチェックすると，ある先から二重請求されていたこともありました。もし気づかなければ原価として計上され，支払もしてしまっていたでしょう。仕入と在庫管理は資金繰りに大きく影響するため，厳格に行っていかなければ利益は残りません。食品工場では，社員は材料などに対する意識が低くなりがちです。社長はこういった意識を変えるようにしなければ，資金繰りは改善しないのです。大切な資金が在庫になっているという感覚を，しっかり持たせる必要があるのです。

　また，当社では工場長が改革を遅らせていることが見えてきました。もし改革に失敗したら責任を追及されるため，なかなか本気では取り組まなかったのです。ここは，社長が責任を取る覚悟でやらせ切らなければなりません。また工場長がいるため，下が押さえつけられ育っていないということもあります。実際，以前取り組んだ再生企業では，工場長不在の方が良くなったということもありました。こちらの工場でも，工場長には退職してもらい，まずは現状を見える化し，少しずつ生産性を

上げていくようにしました。そのために，商品数を減らし，製造工程をシンプルにしていくよう徹底的に考えたのです。

　さらには，営業担当がクレーム対応だけになっている状況も見直しました。ルートセールスの場合であれば，営業の人員を減らすか，廃止することも有効です。また人件費が高い営業役員については，どれだけの付加価値を生み出せているのか見たうえで，思い切って退職してもらうことも必要です。それによってどの程度影響が出るのか憂慮されますが，他社の事例を見る限り，下が育つことで十分にカバーできる場合が多いのです。

(3) 破産か再生か

　これまで様々な改革を行って来ましたが，ある日ついに2か月後の資金繰りの目途が立たなくなってしまいました。これは，お歳暮などの季節商品のために高い材料を仕入れたことと，取引先の見直しによる受注減が直接の原因です。資金繰りで受注減をシミュレーションしましたが，まだ継続すると思っていた取引がすぐにストップされたことや，固定費の削減が思ったより進まず，削減の効果が後ろにズレてしまったことなどが影響しました。そしてここ数か月，社長の親族から毎月10百万円の資金投入をして，何とか給与と業者への支払いなどを継続してきましたが，そのお金が底をついてしまったことが決定打となったのです。こうなってしまった以上，業者への支払い交渉つまり繰延をせざるを得ないのですが，影響は計り知れません。仕入がストップしてしまうと工場の操業が止まり，取引先に迷惑が掛かってしまうからです。このまま破産申し立てに移行するのか，もしくは月末の支払いを一部止めて支払を繰り延べるしか道は残されていません。当社では後者を選択し，

少額の取引先へは全額支払い，大口の取引先へは30％を目途に支払うことを1つの目安にしました。交渉は難航し，取引先が一気に離れていく危険と隣り合わせでした。

　また，ここに来てメインの金融機関も，資金ショートを見越して準備を始めました。しかし社長は，今月の給与が出るかどうかの瀬戸際にも関わらず，商品開発に没頭し現実から逃避し，経理や外部の人間を避けるようになってしまったのです。仕入先，社員，金融機関など，全てが社長の敵となってしまい，一番楽なところに逃げたのです。これには働いている社員全員が失望しました。殻に籠るのではなく，陣頭指揮を取って危機を乗り切る姿を見せなければ，社員も本気になって会社のために頑張ろうとは思いません。2代目社長として先代に指示されたことをやっているだけなら良かったのですが，自分が先頭に立って社員を巻き込んでやっていくことは，普段から社員との信頼関係が無いと難しく，その構築を避けてきたツケが今になって出てしまったのです。

　振り返ってみると，もっと事前に打てる手もあったのですが，親族の資金などで資金繰りをつないでしまったことが逆に問題を先送りし，悪い結果を生んでしまったのです。いずれくる困難をいかに回避するのかではなく，先んじて解決する方法を考え行動しないと，やはり企業は生き残っていけません。

（4）雇用の維持を優先した決断
　当社はこのように様々な改革を自力で試みましたが，資金繰りショートが迫っていたため時間的な余裕も無く，取り組める内容に限界があったこと，また改革を推進するに当たって社員の協力を得ることができな

かったことが影響し，自力での再建は諦めてスポンサーの支援の下，再生していくことになりました。皮肉ではありますが，これにより社員の雇用はすべて守られたのです。こうなってしまった一番の要因は社長自身が変われなかったことにありました。

　社長には，社員の能力を引き出す手腕が何より求められます。しかし思い返してみると，二代目の社長には社員をまとめていくリーダーシップがありませんでした。とても印象に残っているのですが，多くの社長は社員のことを真剣に最優先で考えます。しかし，「どうせどこかに再就職できるだろう」と発言するなど，ここまで社員のことを考えない社長は初めてでした。社員はみな会社の行く末を薄々分かっており，表面的には頑張る姿勢を見せても，本気で社長の為に働く社員はいなかったと感じます。

　業績改善のためには痛みの伴う改革をする決断が必要で，これは先送りすればするだけ状況悪化を招きます。その際，何となくではだめで，しっかりと資金繰り予定を作成して数字で物事を考える必要があるのです。「営業が頑張っているから売上が上がるかもしれない」と希望的観測をしたり，社員が皆他人事のような発言をしたり，結果が出なくても誰も責任を取ろうとしない企業文化では未来はありません。こういった状況の連続で，当社も何ら変わらず時間だけが過ぎ，何年も経ってしまったのです。よく社長が口癖のように言っていたのは「自分はNO.2に恵まれなかった」という一言です。これは，自分の会社を自分で何とかしようという気持ちが薄かったことの表れだと思います。この社長の考え方が問題の根本だったのです。「全て自分の責任」だと社長が認識しない限り，企業はどんどん悪い方に行ってしまい，改革など絶対に実

行できません。また，自己資金の投入はできるだけ避けることが鉄則です。赤字を自力で黒字にできないようであれば，先の見えない資金投入は単なる甘えでしかないということを社長は知るべきなのです。

第2章

自社を見直す

2-1　事例を元に自社を見直す

(1)　業績悪化企業の実態

　中小企業は財務基盤が弱く，常に破綻するリスクに晒されています。現預金や自己資本の厚い中小企業は多くありません。どの企業も，経営環境の変化に対応できず悪化の兆しが出始め，それが手に負えないレベルになりやがて倒産してしまうのです。こういった事例を3つ紹介します。

①　赤字企業に共通しているのが，「やむを得ない」という社長の甘い考えです。絶対に赤字を許さないという強い信念があれば，腹をくくって再建に専念できるはずです。「赤字でも，まあ仕事は楽しいし，かわいい従業員も頑張っているし，いつかは景気も良くなるだろう」という考えが，企業全体に蔓延して業績回復を妨げているのです。また，社長が赤字に麻痺してしまうことも要因です。何に手を付けたら良いか分からず，目先の小さなことばかりに気を取られ，大きな視点を見失ってしまうのです。こうなると，ズルズルと赤字を拡大させることになりかねません。そういった場合，工場の統廃合など，会社の器を大きく変えることも検討する必要があります。

②　企業にはそれぞれの文化があり，"負け犬根性"もその1つです。そこには社長の性格が大きく反映していることを，社長自身がもっと知らなければなりません。「販売先の値下げ要求，仕入先からの値上げ要求の間に挟まれ"言いなり"になってしまい，自社が利益を取りこぼしている」というのも，業績の厳しい企業に見られる企業文化で

す。割に合わない仕事をさせられ，社員にも良い給与を払えなくなっているのです。丁寧な仕事をしていれば利益は後からついてくるなど，幻想にすぎません。外部環境のせいだから仕方がないという思い込みを捨て，「しっかりと自社に利益を残すのだ」という思いがないと，実現できません。それを"企業文化"にしていくこと，これが再生企業のまずもって取り組むべき課題です。

③　ある企業では「将来性が見えない」と言い，退職する人が増えてきました。優秀な人材から会社を去ってしまうのは本当で，幹部も引き留めることを諦めていました。人員不足で社員の業務負荷が膨れ上がっても，社長からは感謝の言葉もボーナスもありませんでした。社員は疲弊してモチベーションが下がり，社内には沈滞ムードが充満していました。

　実はこの時，社長自身やるべきことが明確になっておらず，指示ができなかったのです。とりあえずアクセルだけ踏んでいれば，あとは何とかなると思っていたようですが，これでは，同乗している社員はたまったものではありません。改善への道を走るためには，しっかりと目的地を設定するか，またはドライバーである社長を別の人に変えるしか方法はありません。社長はオオナタを振るう覚悟を決め，断行するしか無いのです。しかし，多くの再生企業の社長は，その覚悟が定まっていません。自分の力で運を引き寄せるには，正しい決断の連続と実行のみが有効です。過去との決別は難しいものですが，社長は今までの決断1つ1つが間違っていたことを素直に認めなくてはなりません。社員に対しても，上っ面の話だけでは見抜かれてしまいます。プライドを捨て本音で話すことで何よりも社員に伝わり，意識を変えていくことができるのです。

以上，3つの事例からも分かる通り，売上が伸びている時は気付かないのですが，財務基盤の弱い中小企業は，経営環境の変化によってあっという間に資金繰りが悪化してしまいます。そして，いつの間にか資金繰りの厳しい状況が当たり前になり，金融機関への返済を待ってもらい，何とか繰り回すという悪循環に陥ってしまうのです。このような企業文化になってしまうと，社員が通常通り仕事をしても，資金繰りが改善することはまずありません。社長自らが"大きく変えるきっかけ"を作らねば，このままズルズルと悪い方に行ってしまうのです。

(2) 社長について

次に，中小企業の社長について，本音や実態が分かる事例を3つ紹介します。中小企業は社長が全てだと言われており，社長次第で良い方にも悪い方にも変わっていきます。そして社長の意識と一挙手一投足が，社員に影響を与え，今の業績を生み出しているのです。

① 　社長は気付いていないかもしれませんが，社長の悪い癖というのは，社員がみな真似してしまうものです。社員も対内的，対外的にそういった考えで行動するようになり，"企業文化"として定着してしまうのです。このため，社長は自分の悪い癖をしっかり認識し，それが出過ぎないようにコントロールすることが重要です。

② 　「良い物をつくりたい」「より良いものをお客さんに提供したい」これはどの企業も根底にある考え方です。それがあるからこそ，これまで成長発展してきたのです。

　しかし，そういう企業に限って利益が残らないのも事実です。採算度外視で顧客に尽くすことが良いことだと社長が考えており，社員も

その考えに合う人が多く，経理も含め企業全体でそういう文化になってしまうのです。しかし，企業は利益を出し，ステークホルダーの金融機関にもしっかりと返済をして行かなければなりません。社長は顧客だけ見ていれば良いというものではなく，お金を残し社員に還元して初めて評価されるのです。場合によっては，品質レベルを落とすことも必要になってきます。顧客が求める以上の品質を高コストでやっても，誰も評価してくれません。その見極めができてこそ，本当の社長なのです。

③　社長の言葉が社員に届かなくなると，社員の考えがバラバラになり，企業はどんどん悪い方に向かってしまいます。社長一人では会社を再建することはできません。「何とかしよう」「何とかなる」という雰囲気を社内に作れるかどうかが重要です。社長には，"人を巻き込む力"，"社員の力を引き出し団結させる力"が求められます。言葉でいくら良いことを言っていても，社員は社長の本心を見抜きます。社長が本当に，「社員のためにも本気で頑張ろう」と思っているかどうか，ここが社員との信頼回復のために重要となるのです。

社長は企業の代表です。しかし，どうしても視野が狭くなり，良かれと思ってやっていることが，結果的に悪い影響を与えている場合もあります。ただ，そのことに本人は気づいていません。経営はオーケストラであり，その指揮者は社長です。全てを調和させて"利益という資金"を得られなければ，生き残っていくことはできないのです。

(3) 社員について

次に，企業の内部に目を向けて，社員に関する事例を3つ紹介します。

社長の意思のもと，社員が一致団結して仕事に取り組むことができたら，中小企業でも高い利益を確保できるはずです。社員をまとめていくのは社長の仕事です。しかし，そこには多くの課題があります。社員は悪い方へ傾いてしまうのが当たり前で，企業は社員が意識せずとも良い行動ができるような文化を作っていかなければなりません。それには「正しい厳しさ」が必要となります。

① 社員は今まで通りが一番楽です。習慣を改めるのは本当に力がいるので，よほどのことが無い限り変えられないのが現実です。どうしても社員は安易な方へ流れてしまうため，悪い習慣を定着させないよう，社長は常に目を届かせなければなりません。社員の成長が無いと企業は絶対に衰退します。社長は口うるさく言うだけではだめで，自らも大きく変えていくことを態度で示さなければなりません。社長自身が何ら変わらないようでは，社員も絶対に変わらないのです。

② 業績が伸び悩んでいる企業の多くは，社員が"顧客や市場の情報"に対して鈍感になっています。製品を販売して終わりで，次への展開に向けた情報収集がしっかりとできていないのです。「次への展開力」これがキーワードとなります。顧客にどうやって役立つかを考え実行することで，仕事は発展していくものなのです。社員は常に情報に対する感度・意識を高めなければなりません。有益な情報をスルーしている社員があまりにも多過ぎるのです。

③ 営業マンを増やした企業が危機に陥っています。儲からない先ばかりを新規に開拓して，顧客に振り回されるようになったのです。「小ロットで短期間」の受注ばかりが増え，代金回収も遅れがちになり，

製造の現場は効率化が進まず高い固定費を抱えることになってしまったのです。営業マンも自分達の存在意義を示すため，利益率などの数字を改ざんし，取引先との不正も当たり前になっていました。バックリベートなどはお構いなし，営業経費なども見えなくして，営業マンが企業を食い物にしていったのです。営業マンがしっかりと会社に利益を残すという意識がなくなってしまっては，絶対に会社は良くなりません。

　これを改革するには，“原点回帰”が必要になります。基本は営業マンは最低限しか置かず，利益の出ない先を順次撤退するのです。営業マンはいわゆるクレーム処理係になって，不要な人員も多くいます。そこを迷わず切るという覚悟で改革に取り組むことが必要です。多くの企業では，社長が営業部長を代行することで，業績が良くなっていきます。

　これらの事例のように，社員は悪気無く企業を悪化させてしまうことがあります。そのため社長が社員をしっかり把握し，管理しなければなりません。社員任せで経営がうまく行った企業はまずありません。

（4）業績改善できる企業とは

　漠然と企業を経営していて，外部環境の好転から業績が良くなることは，ほぼ100％ありません。それを期待している社長は，経営者とは言えないでしょう。それでは実際，業績を回復させた企業にはどういった特徴があるのでしょうか，事例を6つほど紹介します。

① 　社長は常に努力しています。しかし，その努力の方向性が間違っていて，数字に表れない場合も多いのです。その際，社内をしっかりと

まとめ上げ，危機に対処する心構えを組織全体に持たせることが必要になります。給与カット，人員の削減などによって危機感をつくるのも有効です。業績がなかなか改善しない企業の特徴は，「社員が皆，誰かがやるだろう」という甘い意識を持っているのです。改善する企業は，本当に短期間で全員の意識が変わります。まず社長が取り組まなければならない仕事はそこです。社長の本気，危機感が組織全体に伝わってこそ，本気になって皆動き出すのです。

② 「見えなくなること」が業績悪化企業の共通点です。優良企業の社長は，「月次の数字から社員の動きや考えが手に取るように分かる」と言います。「何となくしか分からない」ということは，現場が大変な状況にあることは間違いありません。無管理状態で見えないコストが多くかかり，赤字体質になっているのです。業績悪化企業の社長と，試算表などを見ながら先月の状況について話をすると，現場の状況把握ができていないことも多く，これでは利益は出ないと感じます。優良企業では今月の着地を予想しながら，目標達成に何が必要かを全員で考えます。これこそが，利益が残る企業への第一歩です。

③ あるメーカーで，売上見通しが立たなくなりました。小売の業況が全く好転せず，受注が前期の半分程度となる予測です。営業も売上ゼロは耐えられず，「値下げして販売したい」と要望していましたが，それを許容すると，その期間の人件費が完全に持ち出しになってしまいます。社長は非常に悩んでいましたが，ここが我慢のしどころだと判断し，半年は赤字を容認するように伝えました。ここで無理して値下げ販売すると，負のスパイラルに陥って，結局あとで苦しむことになるからです。今後は，売上を下げても利益が取れる先を開拓し，粗

利が高い製品を作るよう方針転換しました。長い目で見れば，ここに
専念すると業績は必ず回復してくるのです。

④　企業の風土，社員のマインドは必ずマンネリ化します。すると，業
　務を何となくこなし"工夫すること"をしなくなり，また赤字であっ
　ても，痛みが無ければそのまま"許容する文化"となってしまいます。
　社長が赤字を許容していると，その意識は組織全体に広がり，社員も
　「何としても黒字に」という意識にはなりません。それを払拭するた
　めには，まず社長の意識を変えてもらう必要があります。逆に業績の
　良い企業は社員に危機感があり，社長のビジョン達成に向け一丸と
　なって頑張っています。こうした企業は常に好業績を維持し，毎期過
　去最高益を更新しています。

⑤　慢性的に赤字体質となっている企業の社長は，どうしたら現状を打
　破できるのか見えていません。社長自身本気で悩んでいるのですが，
　社員にはそこまでの意識はありません。目標未達も仕方がないという
　ムードが漂い，緊張感が無いのです。そういった場合，事務所の大幅
　縮小や移転も効果的です。器を変えれば中にいる人の意識も変わるか
　らです。実際に人件費の一割カットを実施したところ，悪い影響を与
　える管理職が退職し，全員の意識を改革へ向かわせることができまし
　た。ほとんどの社員は能力の70％以下で仕事をしています。いかに
　本気にさせるか，そのためには社員の「なにくそ」という反骨精神を
　引き出す荒療治が必要となります。

⑥　多くの再建中企業の社員は，みな別々のことを考えており意識の統
　一がなされていません。数字で成果が出ないと，つい社長も気持ちが

沈んでしまい，それが組織全体に広がり悪循環を生んでしまうのです。さらに社員にも強く当たってしまいがちです。単純な話ですが"明るいコミュニケーション"が，企業再生の第一歩となります。社長が率先してその雰囲気を作り，社員を巻き込んでいくのです。こういった単純で地道な取り組みが業績改善の近道なのです。そして，社長は「絶対に改善させる」という心からの強い思いと，信念を持たなくてはなりません。

コラム①
社員が前向きに頑張るためには？

　社長には，社員を巻き込める人とそうでない人がいます。その差は，「この社長はすごい」「この社長なら会社は大丈夫だ」「この社長の元なら自分も成長できるし，給与以上に頑張ろう」という思いにさせられるかどうかです。"この人に言われたら従わざるを得ない"という関係を作ることができないと，社員は社長の指示に対し本気で取り組もうとは思いません。社員からしっかりと尊敬と信頼を得られているかどうかが重要なのです。それが「人間力」というキーワードなのかも知れません。

　また，自分で考え行動できる社員は多くありません。社長は，そのような社員がいないと嘆いていても始まりません。社長自らがそのような「人財」に育て上げるしか方法は無いのです。よく中小企業に良い人材はいないと言われますが，決してそんなことはなく，磨けば光る素晴らしい人材はたくさんいるはずです。それに気づかず愚痴ばかり言っている社長自身に問題があるのです。

2-2　赤字を深堀できているか

　"赤字は経営の失敗ではない"というと語弊があるでしょうか。なぜなら赤字には，「前向きな赤字」と「後ろ向きの赤字」があるからです。事業基盤が強化され，翌期以降につながる前向きの赤字であれば概ね問題ありません。

　なお，赤字を具体的に分けると以下のようになります。

① 慢性的な赤字
② 助走期間の赤字
③ 事業再構築による赤字
④ 事業基盤強化の赤字

　これらを見て①以外であれば今後の黒字化は十分にあり得ます。
　①の慢性的な赤字の場合は，社長自身も赤字の要因が分かっていない場合がほとんどです。これは，会社のどこにメスを入れるべきか判断できていないため，改善する見通しはないでしょう。資金が持てば仕入業者や人件費の支払に苦労することはありませんが，赤字を借入金でまかなっているだけでは，いずれ破綻してしまいます。

　②の助走期間の赤字は新しい事業を立ち上げ，損益が均衡してくるまで続く赤字です。これは企業として新しい取り組みに挑戦したことであり，ある程度評価されるべきものです。しかし，黒字化するタイミングがいつなのか，その計画をしっかり持つ必要があります。

③の事業再構築の赤字は，工場の閉鎖や人員のリストラなどによる一時的な費用負担が発生した場合の赤字です。取引先の見直しなどにより一時的に売上ダウンとなって固定費を賄いきれず赤字となる場合もこのケースとなります。これも前向きな取組みであり，評価されるものです。

　④の事業基盤強化の赤字で顕著なのが，取引先の要望などにより，製品開発のコストが掛かり過ぎ，赤字になったというパターンです。そういった場合，ノウハウは自社に残り今後の製品開発などに応用できるため，企業成長のためには歓迎すべきものであり，これも評価される赤字といえます。

　このように，単に赤字といっても様々な種類がありますが，数字で説明を求められない限り「今期は赤字だった」だけで終わってしまっている企業が多いはずです。中長期の視点を持ち，今期は赤字だとしても，来期以降の企業の成長と黒字化を計画するようにしなければなりません。たとえ10百万円の赤字であっても，製品や人材の問題が解決してくれば，「これ以上赤字が続くことは無い」「今後の黒字化は十分可能」というように戦略的に未来を見据えることができるのです。長い目で見れば，経営には“赤字という踊り場”も必要なのです。

2-3　中小企業の成り行き経営4つのステージ

（1）中小企業の実態
　企業にとって「お客様」は，無くてはならない存在です。お客様のた

めに製品を作り出しサービスを提供し，満足してもらう。これこそが企業の存在意義です。また，企業経営において，競合との比較はとても重要です。同じ土俵で価格勝負しているだけでは成長も発展もありません。

さらに，企業経営において注意することは，「見えなくなること」です。見えない無駄が増えると業績はどんどん悪くなります。そして社員が本当に働いているのかも見えなくなり，意識の低下が商品・サービスの劣化につながり，その結果競合にお客様を取られて売上が落ち込んでしまうのです。この負の連鎖を断ち切ることが重要で，早めに手を打つべく数字で見えるようにしておくことが何よりも大切です。

業績の良い企業は，社長が強い危機感を持っています。競合を意識して常に自社の製品・サービスを磨き，社員のモチベーションを高めているのです。

逆に業績の厳しい企業は，社員任せの成り行き経営となり，益々競合と差が開いてしまっているのです。

（2）成り行き経営4つのステージ

ここでは企業の成り行き経営について，4つのステージに分けて説明していきます。成り行き経営のステージは下記の通りです。

ステージ1	マンネリ化
ステージ2	付加価値の低下
ステージ3	社内悪の蔓延
ステージ4	社長不信・闇の中

ステージ1の企業は，以前のようには利益が出にくくなってきた企業です。なんとか黒字は維持しているものの，危機感の欠如から無駄が増え，社員や組織がマンネリ化している状況です。社長は早い段階でそれらを敏感に感じ取り，メスを入れなければなりません。社内の雰囲気，社員が生き生きと働いているかどうか，さらにお客様の評価が下がっていないかなどを，極力早く察知するのです。そのまま放置していると，ズルズルと悪化していって，あっという間に赤字体質に陥ってしまいます。

　たとえ業績の良い企業であっても，永遠にそれが続くことはなく，業績悪化のリスクは常に付きまといます。そのため，今後やるべきことを明確にし，組織内に危機感を持たせることが重要です。

　ステージ2の企業は，他社との競争により付加価値率が低下して，固定費と見合わなくなっている企業です。付加価値率が毎年1％～2％程度低下しているにも関わらず，これまでのやり方を変えられず，商品もサービスもマンネリ化しているのです。競合他社はどんどん出てくるため，新たな商品やサービスを提供し，お客様に選ばれる企業として価値を磨いていかないと，あっという間に業績は悪化してしまいます。

　こういった状況を改善するためには，取引先や商品ごとに不採算なものを見つけ，撤退や見直しをしていきます。これによって危機感を社員に持たせ，少しずつ社内の改革を進めるのです。社長はつい「何とかなるのではないか」「社員が何とか頑張ってくれるのではないか」と甘い期待をしてしまいますが，そうではなく，勇気をもって取引先の見直しなどを断行することが重要です。

　また中小企業は，資金繰りに苦労して初めてお尻に火が付くことがほとんどで，資金繰りが回る状況にあると，何となく問題を先送りしてし

まいがちです。しかし，この段階で手を打たねば，1年後には資金繰りに本当に苦労することになり，明日の給与支払や仕入業者への支払のため金策することになってしまいます。このため，あえて借入をしないで回す資金繰り計画を作り，自分自身を追い込むことも大切です。「どうしなければならないか」が数字で見えると，危機感は生まれやすくなり，ズルズルといくことは絶対に無くなるはずです。

　なお，取引先の見直しを行うと売上減少につながってしまうため，新たな取引先や商品がないと固定費の削減や仕入先・外注先の見直しも必要になります。これを業績悪化してから行うと，交渉もなかなかできず，むしろ向こうから支払い遅延が無いように忠告されてしまいます。これでは改善など絶対にできません。経営では常に先手を打っていけるかどうかが重要なのです。

　ステージ3の企業は，社長の成り行き経営が作りだした“社内悪”が蔓延してきて，停滞した雰囲気になっている企業です。停滞している要因が何かと考える時には，“原点回帰”がキーワードになります。そのためには，過去10年間のB/S，P/Lをしっかりと見て，「社員の数」「固定資産」「自社の製品・サービス」「売上」「粗利」の相関関係を分析します。そうすると，拡大成長したことでどんな無駄が増えてきたかが分かるはずです。具体的には，社員を増やしたのに売上につながっていないこと，競合に負けて製品やサービスの付加価値率が大きく低下したこと，そして社内に無駄が増え利益率が悪くなってしまったこと，さらには無理な販売によって粗利を無視した売上が立っていることなどが見えてくるはずです。これらの悪化要因を排除することができなければ，今後生き残っていくことは困難です。

　こういった状況を改善するためには，今までの企業を壊すくらいの気

持ちで，工場や営業所の統廃合など，大きな鉈を振るう改革が必要です。それには人員体制を大きく見直す必要があり，やる気のある若手を抜擢するなど，これまでの"停滞した社員"を排除することが大切です。このリストラを断行できるかどうか，またその覚悟を社長が社内に示し，賛同を得られるかどうかに生き残りがかかっています。社長が本音を打ち明け，社員との信頼関係を取り戻すことこそが必要なのです。いつかは好転するだろうと淡い期待をするのではなく，「自らが変えていく」という強い気持ちを持つことが重要です。

　ステージ4の企業は，初めは小さなものだった「社内悪」が長年放置され，完全に会社全体がそれに支配されてしまった企業です。資金繰りもひっ迫した状況が続き，社長や親族の自己資金があればそれで赤字の補てんを行っており，それが尽きれば終わりという状況です。社長も何をどうしていいか分からず，とりあえず闇の中を突っ走るしかないと1人で奮闘しています。ここのステージになってしまうと，もはや社長1人で立て直すことは叶わないので，価値が見いだせる企業に買収してもらうことも，従業員の雇用を守るためには必要となります。しかし，社長はそうはしたくないと頑張るのですが，長年社員との信頼関係を放棄してきたツケが回り，誰も社長に本気で付いて来ません。たとえ社員が表向きに協力を表明したとしても，本気でやろうとは思っていないため成果がなかなか出ないのです。

　本気で社員と向き合い，改革を自らやり遂げるという意識が会社全体に伝わらなければ，この状況を改善させることはできません。社長は，今の苦境が全て自己の責任であるということを必ず認識しなければなりません。「社員が働かないから悪い」「取引先の要求が多くて割に合わない」「競合が低価格で攻めてきた」などと自分以外の責任にしていては

何も変わらず，最悪の事態に陥ってしまうのは時間の問題です。

　以上，成り行き経営の4つのステージを見てきました。問題を放置すると企業は悪くなる一方のため，社員任せにすることは絶対に避けなければなりません。企業を託せるほどの優秀な社員などそうはおらず，もしいたとしたらとっくに独立して経営者になっているはずです。甘い期待はしてはならないと，社長は改めて認識する必要があります。

　また，社長は現場の状況を常に見られる仕組みをつくり，スピーディーに修正することが重要です。そうしなければ，現場はマンネリ化して徐々に劣化していき，最後には「資金不足」となって社長を苦しめることになります。また，優秀な人材がいないと嘆くのではなく，"育てる"という意識で接することで多くの社員が成長し，信頼関係もここで作られるはずです。この社長のために頑張ろうという社員が数名でもいることが，企業の改善や成長のためには必要なのです。

　成り行き任せの企業経営では，企業ステージはどんどん落ちて行って「ステージ4」となり最後を迎えます。そうならないよう，現状を常にチェックするためにも「資金繰り予想」は有効となります。成り行き予想で厳しく見て資金ショートすることが分かると，"何かを変えていかねばならない"と社長も幹部も認識できます。なお，ステージ4を体感するには，資金繰りの悲観的な予想も有効です（詳細は5章参照）。放置し続けたら数年で資金繰りがどういった状況に陥ってしまうのか分かります。売上2割ダウンなどはあっという間で，こうならない様どう修正していくかを考え，実行に移せるかどうかが分かれ道となります。自社を客観的に見ることは難しいため，資金繰り予想などを用いて社長自ら会社の状況を認識することは，非常に有効だと言えます。

成り行きステージと対応策

	状況	対応策
ステージ1	マンネリ化	社員の危機感醸成
ステージ2	付加価値低下	取引先見直し・トップセールス
ステージ3	社内悪の蔓延	企業文化の破壊・若手抜擢
ステージ4	社長不信・闇の中	社長交代・M&A

コラム②

現状を甘んじて受け入れてしまう

あるシステム会社では，大手の下請けで保守メンテナンスの安定した受注を得ていました。しかし収益性が低く，人件費などの固定費をまかなうこともギリギリの厳しい状況にありました。どうしても人の良い社長は現状を甘んじて受け入れてしまいがちです。しかしそれを放置していると，採算は悪くなる一方です。そこで，取引先に対し当社の現状を説明し，同業者などの価格を参考に価格見直し交渉をしていきました。これにより，少しずつですが採算面で効果が出てきました。しょうがないと現状を受け入れ，人件費など経費削減だけに努めるのが経営者の仕事ではありません。もちろん，「やれること」と「やれないこと」がありますが，小さな取り組みを1つずつ着実に実現していく「実行力」が社長には求められるのです。

2-4 決算書分析のポイント

社長は決算書をどのように活用するのがよいのでしょうか。P/Lは長

期的な視点で売上規模と経費水準を見て，自社にとって適正な売上と収益構造を知るために活用します。また，B/Sは過去から現在までの企業活動での取り組みが全て数字で蓄積されているため，過去からの歴史を理解でき，現在の固定資産や借入など企業の体格を確認することができます。

> P/L：長期的なトレンドを見て適正な売上規模と収益構造をつかむ
>
> B/S：企業活動の歴史と自社の体格を確認する

　P/Lは，5年程度の売上・粗利・販管費・営業利益を並べてトレンドを見て，そこからビジネスモデルと収益構造を理解します。また，B/Sは社長の考えとこれまでの歴史が全て数字で表されているので，固定資産と社員数を確認して，「何が上手くいっているのか」また「何が失敗だったのか」を考えるのです。そして，「変えるべきこと」と「変えないこと」を決めていくことが大切です。B/Sの固定資産など企業体制の変化を見て，P/Lの変化の要因を仮説立てて考えるのです。つまり，B/Sの変化によって収益構造がどう変わってきているのかを確認するのです。また，ここではB/Sを基に大きな視点で「あるべき売上と経費」の収益構造をイメージすることが大切です。

　外部環境の好転で売上が伸びたのは，本当の実力ではありません。どのように顧客が変わったのかを見て，それに合わせて企業の核となる製品・サービスを強化できているのか，固定資産と人員体制が適切かどうかの判断をします。また，取引先ごとに売掛金と買掛金の残高を出して，5年間の推移を見ることも重要です。取引先は必ず入れ替えがあるはずで，それによって収益性がどう変化したのかを確認します。もし5年間全く同じ取引先だった場合，新陳代謝が出来ておらず問題です。も

ちろん，当社の製品やサービスが高い評価を得ていることが理由だとは思いますが，そうであれば，どこが評価されているのかを改めて考えることが大切です。

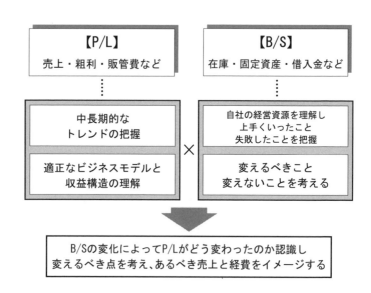

2-5　経営計画を考えるポイント

次に，企業の長期トレンドから目標とすべき損益の考え方を検討していきたいと思います。

単位：百万円

	16期	17期	18期	19期	20期
売　　上	164	195	173	190	183
粗 利 率	36.3%	34.5%	40.8%	29.5%	31.6%
販 管 費	58	61	63	59	56
営業利益	2	6	8	▲3	2

（1）実・収益力の判断

　5期の売上の推移をみます。こちらの企業の場合，5年間で売上のピークは195百万円，最低で164百万円となっています。これに加え，粗利率が最も良かった時の売上は173百万円になります。これを超えると現在の人員体制ではこなし切れず外注費などが上がり，採算が低下すると考えられます。そこで，現段階では売上高の目標として170百万円程が妥当だと判断できます。

　次に目標の粗利率を，決算を元に把握していきます。18期は40.8％で最も高くなっています。しかしその後，競合関係での価格低下や製造におけるミス，さらには納期厳守のための外注利用などから利益率が低下し，19期は29.5％にまで落ち込みました。これらから，付加価値の低い受注で売上を確保している状況が分かります。恐らく，売上を求めるあまり価格を下げて受注に走り，粗利が低下したことが原因と考えられます。これでは，経営の失敗と言わざるを得ません。売上ではなく粗利をいかに確保するかが重要なのです。

　最後に，販管費は年間60百万円ほどで推移しています。単純に見れば，売上と粗利に合わせて人員の削減をすべき状況なのですが，そう簡単にはいきません。このため，それを許容し様子を見ることもひとつです。

（2）経営計画への展開を考える

　そこで，無理な受注を取って売上を伸ばすのではなく，今後3年間かけて状況を改善させることをベースに，受注戦略と人材戦略を考えていきます。つまり適正な規模になるよう売上と人員を調整するということ

です。企業の改善は常に3年スパンで考えることが重要です。単年度で効果を出すことも大切なのですが，やはり腰を据えて3年でどういう企業にするべきかを考えることが大切です。その上で，企業文化を変えることも必要となるのです。これらを踏まえると，事例企業の今後3年間の大まかな目標が以下のように見えてきます。

　1年目は厳しい外部環境を考慮し，受注はボトムで良いと決めて，社内の体制強化に充てる年とします。まずは社員のレベルアップが必要不可欠だからです。また2年目は，多少受注が戻ることが予想されるため，早めに人材を確保できるようにします。3年目は営業体制を強化して受注を増やし，工場の稼働を上げていくような戦略をとる，というようにイメージするのです。このスケジュールでも，自助努力で成果を出すにはかなりタイトと言えます。どうしても企業にはこれまでの仕事の流れがあり，一気に変えることはできません。そのため，社長が常に本気の姿勢で臨まなければ，3年という期間はあっという間に過ぎてしまいます。

　まず，現在の身の丈に合った経営体制を築くことが大事で，それを1年かけて作っていきます。無理な売上を追わずに，リストラ等によって一度縮むことも必要なのです。製造業の場合は，工場の人員体制を考慮しなければならないため特に難しいのですが，まず現在の人員における適正な売上を見極めることが重要となります。そこから，どのようにしたら売上の増加が利益増につながるかを，今後3年の数字をもとに大まかに考えていくことが大切です。

　以上のように考えると，やはり1年で成果を出すのは難しく，自助努

力での改善は3年をベースとするのが妥当です。もちろん，3年かかっ
てよいという訳ではないのですが，多くの中小企業はこの適正規模を見
極めることができず，ただやみくもに売上アップだけを目標としている
ことが多いのです。さらに，金融機関が「売上アップ」か「人員削減」
かと2択を迫るので社長も混乱し，本当に必要な取り組みが後回しにさ
れてしまうのです。もちろん，赤字の容認はできませんが，長期的な目
線に立てば，単年度の10百万円程度の赤字など大きな問題ではありま
せん。社長もそれくらいは挽回できると自分を信じるべきです。赤字以
上に，社員のレベルアップと製品力やサービスの質に磨きが掛かったか
どうかが重要となります。ここがクリアできれば，赤字などすぐに取り
戻せます。そのためには，社長と社員との信頼関係を強めて，全員の力
を団結する必要があるのです。社長が自分自身を信じ，絶対に改善する
という強い思いを持つことで，数字は必ず付いてくるのです。

コラム③

10年を振り返る

　企業の過去10年を振り返ることは，将来を考える上でとても重要です。特に幹部に自社の10年の歩みを再確認してもらい，今後の戦略を考えるのです。例えば，「2008年のリーマンショック時に売上が半分になったものの，リストラを最小限にとどめ，賞与も全員にしっかり支給してきたこと」，また「そういった社員が一致団結して会社の再建に取り組み，今の会社がある」という過去のエピソードを共有する時間はとても有効です。これにより，今，自分達に課されている大きな課題にも気づくことができるのです。

　また，売上，人員数，給与総額，労働分配率の過去10年の推移を分析することも大切です。従業員だけ増え，売上と付加価値が増えていない企業も多いため，具体的な数値で把握することは，今後の戦略を考える上でとても有意義です。

第**3**章

借りない資金繰り

3-1　借りない資金繰りのサイクル

　多くの中小企業は，売上計画は立てても資金繰りは成り行き任せで，「何とか今月は間に合った」ということの繰り返しが多いのではないでしょうか。また，借入についても金融機関任せで自ら戦略を持って交渉等できていないのではないでしょうか。私自身，今まで多くの中小企業を見てきましたが，自ら資金繰り計画を作成し，借入金の調達と返済の計画まで立てて，金融機関に提出している企業は多くなかったように思います。

　しかしこれからの時代，中小企業でも資金繰り計画を作成し，借入等についても計画的に行い，B/Sを改善していく取り組みは絶対に必要です。そうで無いと，いつまで経っても金融機関頼みの不安定な資金繰りになってしまうからです。

　現在，多くの中小企業が，何年も借入過多な状況にも関わらず，金融機関が融資を継続してくれれば，今まで通りの経営でいいと思っています。しかし今後，経営基盤を安定させ成長していくためには，借入金を減らし良いB/Sを作っていくことが必要不可欠です。これには，資金繰りを「成り行き任せ」では無く，しっかりと計画立てて管理していくことが重要となるのです。資金繰り計画を立てることは，資金ショートする可能性があるから作るという"後ろ向き"の取り組みではありません。「借入金を減らし，安定した財務体質を作っていく」ための"前向き"な取り組みなのです。金融機関頼みの資金繰りでは，今後ますます厳しくなる経営環境で生き残っていくことはできません。自己資金で繰り回すことを決意し，自社の抱える様々な問題を「借入金で先延ばし」するの

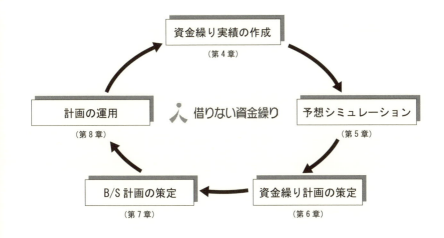

では無く，本気で改善に取り組む姿勢が今求められているのです。

　この"借りない資金繰り"を目指すには，上記の「資金繰りサイクル」が重要です。このサイクルの1番目は，自社の資金繰り実績を作成し分析することです。これらは，第4章「資金繰り実績で自社の今を知る」で詳しく説明します。まず自社の売掛金・在庫・買掛金などのB/Sを確認し，資金繰りで実際の毎月のお金の流れを見ていきます。どこにお金が溜まっているのか，また入ってきたお金がどこに流れて，B/Sの何の科目になったのかを見ます。そして，それが正しい判断だったのか，また今後はどうしていくべきかなどを検討するのです。P/Lだけ見ていると，どうしても売上重視になってしまいます。しかしB/Sを理解していると，企業の継続性を高めるためにどうすべきかと考えられます。また，借入でお金が増えただけでは企業の継続性が高まったとは言えません。借入が減っていて，なおかつ預金が増えていることが重要なのです。多くの社長は思い込みからあまり数字を見ようとはせず，何となく分かったつもりになっています。一度注意深く自社のB/Sと資金繰り実

績を見ることが大切です。

　サイクルの2番目は，実績を元にした予想シミュレーションです。これらは，第5章「資金繰り予想シミュレーション」で紹介します。まず資金繰り実績を元に，資金繰り分岐点を算出し，様々なシミュレーションをしていくのです。これにより，自社のあるべき姿が見えてくるはずです。なお資金繰り分岐点とは，借入金の返済をした上で資金繰りに支障が出ない売上（収入）のことで，自社の資金繰りで必要な売上の目安を知ることができます。

　サイクルの3番目は，前述のシミュレーションを元にした資金繰り計画の作成です。これらは，6章「資金繰り計画の策定」で詳しく説明します。資金繰り計画の一番の目的は，安全なキャッシュポジションを維持しながら必要な投資を行い，借入金を毎年少しずつでも減らしB/Sを改善させることです。企業は定期的に設備の維持更新が必要であり，そのための設備投資を資金繰りで計画していく必要があります。その際，合わせて資金調達額と時期も決めます。毎年30百万円の返済がある企業であれば，そのまま30百万円の調達をするのではなく，20百万円の調達にして，あとの10百万円は何とか企業努力により捻出するのです。そして，このために何をしなければならないかを，P/LとB/Sの両方から検討し，資金繰り計画に落とし込んでいくのです。

　サイクルの4番目はB/S計画です。これは7章「B/S計画の策定で永続する企業に」で説明します。前述の資金繰り計画をP/L計画とB/S計画へ展開していき，B/Sの改善まで理解します。金融機関へ提出する計画書において，このB/S計画は必須となります。借りない資金繰りではB/Sの改善が最終目的で，それには資金繰り表の活用が必須なのです。

　サイクルの5番目は，計画を達成していくための方法についてです。

これは8章「資金繰り計画の運用ノウハウ」で説明します。目標をクリアしていくためには，責任体制を明確にする必要があります。資金繰りの改善には，営業部門や工場部門も協力していかないと成果が出ません。そして，毎月実績との差異分析を行って軌道修正していく必要があります。もちろん経営環境の変化などから，こちらの思い通りにいかないこともありますが，資金繰りが目標に対して大きくズレると，金融機関に追加借入の申し入れを行わなければならず，金利負担も増え，企業の継続リスクは高まります。そのため，何としても計画を達成していく必要があるのです。

　以上，この手順で「借りない資金繰りサイクル」を実践しB/Sを改善していくことが，これからの中小企業には求められるのです。今まで通りの金融機関任せの「借りる資金繰り」では今後生き残っていくことはできません。しっかりと資金繰り計画を立て，それを地道に実行することでB/Sを改善させ，企業の継続性を高めていく必要があるのです。

3-2　企業の資金体質を考える

　財務内容の良い企業を作っていくことは，倒産を避けるためだけでなく，今後企業が無理なく成長していくためにも必要な取り組みとなります。私が今まで見てきた優良企業は，必ずこの財務内容を強いものにする努力をしていました。

　財務内容が脆弱なまま売上だけ伸ばしても，本当の意味では資金繰りは楽にならず，いつまで経っても借入体質で資金繰りに悩むということ

になってしまいます。「借入してもあっという間に資金が無くなり，気が付いたら借入金だけ残っていた」ということになりかねないのです。実際，何に資金が消えたのか事実を掴んでいないと，今後の企業経営における社内の危険因子に気づけません。これは，資金繰りとB/Sを見ることで明らかになります。こういった振り返りをしないと借入金は増え続けてしまうのです。

　それに対し，出来る社長は借入金の怖さを知っており，借りることより「返すこと」を一所懸命に考えています。社長は借りて終わりでは無いということを，改めて認識する必要があるのです。

　社長自身が甘い考えを捨て，まず「強い財務体質で絶対につぶれない企業を作っていく」という意思を強く持つことが必要です。例えば新製品の開発で創業したある社長は，製品開発だけに一所懸命で，それ以外はあまり興味を持たないで経営してきました。売上が伸びている時は良かったのですが，そうで無くなると，財務体質の弱さからあっという間に資金繰りがひっ迫してしまったのです。

　企業に資金が残る体質にしていくためには，後述する（1）**運転資金**と（2）**企業維持費**の考えをしっかりと認識することが重要です。これらを適正に管理することで，資金の貯まる強い財務体質に中長期的に変えていくことができるのです。そして，この達成のためには社長の強い意思と正しい判断，そして社員全員での地道な努力が必要となります。これらを中長期と短期の視点を持って，どのように計画し管理していくかが，財務体質を改善するポイントになるのです。これは一歩一歩焦らずに取り組んでいくことが大切です。

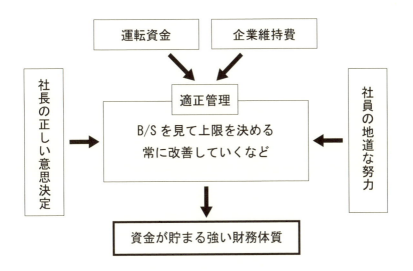

（1）運転資金

　現金商売を除き必要となるのが運転資金です。資金繰りから運転資金を見る時には，「回収支払サイト差＋固定支出1か月分＋借入返済1か月分」とします。取引が完了し全て入金された後に仕入や人件費など経費の支払いがあれば運転資金は不要となりますが，多くの企業では支払いが先行します。特に在庫が必要となる業種では顕著です。計画通りに全て製造できれば問題はないのですが，様々な製造上のミスが生じることもあり，それに備えて材料の発注を多めにしているからです。ここで問題になるのが，この材料が他に転用できない場合はデットストックとなり，倉庫の中に溜まってしまうことです。

　具体的な例を紹介します。ある食品メーカーでは，得意先のスーパーから"大学芋"の注文が入りました。担当者は，この時期はどのスーパーも大学芋を発注してくるだろうと見込み，価格が安くなるからと大量にさつまいもの仕入を行いました。しかし，他のスーパーから大学芋の受

注を取ることができず，さつまいもが倉庫に眠ってしまうことになったのです。そして，一部は他の惣菜として転用できたのですが，残りは廃棄になってしまいました。これは資金繰りでは，大きな損失となります。このように，賞味期限がある在庫は顕著です。また，当社の仕入担当者は価格も安いしいつか使うだろうという安易な考えでマヨネーズなどの調味料を大量に仕入れていました。1回の発注の量を多くすると，その分担当者は楽ができます。しかし，それを使い切るまで貴重な資金が寝てしまうことになり，資金繰りを圧迫します。こういったことの積み重ねで，資金繰りは徐々に苦しくなっていくのです。

　また，あるアパレルメーカーでは，在庫がどうしても過多になりがちでした。洋服は流行り廃りがあり，季節ものは在庫として残っても来年売れることはありません。そのため，仕入れた分を今年中に売り切らねばならないのですが，それがなかなか出来ず資金繰りは苦しいままでした。アパレルメーカーでは，そのような手立てができるかどうかが，企業業績と資金繰りを大きく左右するのです。

　多くの中小企業では，この仕入部門の担当者が資金繰り改善の方に向いておらず，自分が楽に仕事ができるように仕事のやり方を変えてしまいがちです。こういった企業で倉庫を整理しようとすると，不要な在庫が一杯で廃棄するのに多額の処分費が掛かってしまうこともあります。社長は，こういった状況をしっかりと把握し，改善していくことが大切です。

　運転資金は単純に決算書の数字を見て計算するのではなく，商売の流れを考え，社員の管理力などを考慮し，数字と現場の整合性を把握することが重要です。実際，必要以上の運転資金の借入は，実質は赤字補填

です。こういった企業は，運転資金を管理するという意識もほとんど無く，成り行き経営になっています。この考えをしっかり持たないと，いつの間にか借入金が膨れ財務体質を悪化させてしまうのです。

(2) 企業維持費

　企業が存続していくためには，継続的に設備の維持・補修の投資が必要となります。これを“企業維持費”といいます。企業維持費は，①更新投資と②増強投資に分かれますが，まず決算書の減価償却費を1つの目安にして投資計画を立てることが重要です。例えば年間20百万円の減価償却をしている場合は，年間その程度の投資が設備を維持するために必要となるのです。しかし，資金繰り計画ではその投資計画が入っていない企業が大半です。

　中には，機械は壊れてから投資するといった無計画な企業もあります。投資を中長期的な視点に立って計画できている企業はあまり多くありません。そこで，まず更新投資についてB/Sと資金繰りから見ていく必要があるのです。更新投資をしない場合，例えば小売りの店舗などは設備の劣化から売上の低下につながる可能性も多いにあります。自社の設備は見慣れてしまって気づいていない可能性があるので，外部の人間にアドバイスをもらうことも有効です。定期的に投資を計画し，企業の設備等を良くしていくことは，売上の維持向上になるとともに，社員のモチベーションアップに間違いなく直結します。

企業維持費の算出

単位：千円

		残高	残存実年数	減価償却費	今後5年間	1年当り
更新投資	建物	20,000	12	1,250		1,667
	機械	8,000	4	1,700		2,000
	その他有形固定資産	3,000	1	1,500		3,000
	その他無形固定資産	0	0	0		0
	合計	31,000		4,450		6,667
増強投資	建物				20,000	4,000
	機械				30,000	6,000
	その他有形固定資産				20,000	4,000
	その他無形固定資産				0	0
	合計				70,000	14,000

更新投資	6,667
増強投資	14,000
年間企業維持費計	20,667
上記月平均	1,722

　資金繰りが厳しい企業の場合，どうしても設備投資へ資金を回せないこともあります。しかしこれが悪循環となり，さらなる売上ダウンにつながってしまうため，まずはここの対策を打つことが重要です。業績が厳しい企業の場合，更新投資をすることが改善のきっかけになることも多くあります。現場の状況と社員などを見て，必要だと判断したら資金繰り計画に落として問題ないかシミュレーションします。ここから企業全体の意識がアップして改善につながることも多いのです。

　また，設備の増強投資は，今後5年程度でどれくらい設備を増強するのかを検討し，来年1年間にどれくらい投資を行うかを決めていきます。その際，必ず自社のB/Sを見て，投資が必要とされているのかを判断します。次に資金繰り計画では，1年ごとに投資額を経常外収支に織り込み，資金繰り計画を作成するようにしていきます。多くの中小企業ではこういったビジョンが無く，いざ投資するとなったら借入をすればいいと考えてしまいがちです。これでは強固な財務を作っていくことはできません。単年度で資金が残った，利益が出たと喜ぶことにはあまり意味

が無く，多少の利益が出ても企業維持費を考えると，そのまま使えるお金ではないことが分かります。このような考えで資金繰り計画を作っていくことで，企業の財務体質を強化していくことが出来るのです。資金繰り計画では，経常外支出で投資額を入れ，その資金調達の方法を確認するとともに，投資効果が出てくる時期を予測します。大抵，売上や付加価値のアップは計画より後ろにずれ込みます。そのため，収入のアップは一層固めに見る必要があるのです。そして固定費のアップ，さらには投資分の借入返済などを織り込んで資金繰り計画を作成します。一般的には固定費も予想以上に膨れるため，厳しい見通しになることも多くあります。

　さらに，投資の資金調達については，全額借入でまかなうような計画ではだめです。やはり自己資金が30％程度は必要であり，現状の資金ポジションから30％程度を使っても運転資金等で支障が出ないかどうかが，「投資効果の判断」に加え，現状での「投資の妥当性」を判断する基準となります。そこまで自己資金が無い企業の増強投資は，時期尚早と言えるでしょう。

企業を壊す勇気

　社長は常に会社全体を見て，業務のやり方に対して疑問を持つことが大切です。このままでは将来どういった問題が発生するのか，またどの程度その可能性があるのか，常に危機意識をもって考えておくことが重要です。長年の負の連鎖を断ち切るには，一度すべてを破壊し抜本改善を図るという，強い気持ちが必要不可欠です。

　これまで積み上げてきたことを壊すのはとても勇気がいります。どうしても過去のやり方に固執してしまうからです。しかし，付け焼き刃では治るものも治りません。混乱が起こることが予期されても，道が間違っていなければ挑戦することが大切です。多くの場合，若い社員が何とか頑張って，おのずと道は開けるはずです。

　甘い誘惑に乗って易きに流れてしまうと，業績悪化は徐々に忍び寄ってきます。社長には，「常に見直すこと」が大切になるのです。

3-3　決算書と資金繰りの違い

　決算書において，企業の取引は発生主義で記載するのが一般的です。しかし，小売業などの現金商売を除き，掛け取引がほとんどのため，実際のお金のやり取りとはタイムラグが生じてしまいます。企業経営は最後にはお金に集約されます。お金になって初めて企業間取引は終了するのです。このため，決算書だけでなく資金についても押さえておく必要があります。つまり，帳簿上の仮の姿だけを見て分析していても不十分で，資金ベースで結果を確認するということは，社長にとっても絶対に必要なことなのです。

　そして資金繰りを見ると，企業の実態や体質などが浮かび上がってき

ます。例えば回収と支払のサイトが負けている状況，毎月の収入と固定
費が見合っていない状況，さらには借入返済で資金繰りがひっ迫してい
る状況などが見えてきます。また，P/Lのみを重視して来た企業は，無
謀な投資を続け経営危機に陥っている状況も分かります。B/Sと資金繰
りをしっかりと見て経営していくことが，守りの経営には欠かせないの
です。

(1) 貸倒の恐怖

　企業間の掛け取引においては「貸倒れの発生」が一番のネックとなり
ます。すなわち，製品を販売したにも関わらず，代金を回収できないこ
とは，企業にとって命取りです。このため，与信管理が企業の生命線と
も言えるのですが，中小企業では甘いことが多く，ついつい目先の売上
を追いかけるあまり，貸し倒れが発生してしまうのです。もちろん，多
少のリスクを取る必要はありますが，企業の存続にことが及んでは本末
転倒です。長年の取引があるから大丈夫という安易な考えではだめで，
ある意味ドライに見極めるという厳しいスタンスが求められます。具体
的には，手形取引であれば6か月後に現金化というケースもあります。
その間，相手に販売を継続していたら，その間の売上が全て焦げ付くこ
ととなり，金額は数千万円になってしまうこともあり得ます。そうなる
と連鎖倒産も十分に考えられ，この見極めが社長の一番重要な仕事と言
えるのです。与信管理ができないと，はっきり言って「社長失格」で
す。これは，社員に対する裏切り行為とも言えます。社員が一所懸命
作った製品を，その企業へ販売するという最終の意思決定をしたのは社
長自身だからです。

（2）企業の掛け取引の事例

では，企業の掛け取引を具体的な事例で見てみましょう。

1月にA社が販売先であるB社から20,000千円の製品を受注しました。製造にあたって材料が必要なので，仕入先であるC社から8,000千円の材料を調達，支払いは翌月としました。その後，製品を製造しB社に納入，A社がB社に20,000千円の請求書を送り，このタイミングで売掛金が発生しました。この売掛金は2か月後に入金される予定となっています。この間，従業員への給与の支払い6,000千円や工場等の経費4,000千円が発生します。その後，B社から売掛金が振り込まれます。

この取引を月次損益で見ると以下のようになります。

1月試算表（単月）

単位：千円

売　　　上	20,000
売 上 原 価	8,000
粗　　　利	12,000
販　管　費	10,000
営 業 利 益	2,000
営 業 外 損 益	▲200 ※金利支払い
経 常 利 益	1,800

1月の試算表で見ると，資金化が実現していなくても，利益としては計上されます。

次にこれを資金繰りで見ると以下のようになります。

単位：千円

	1月	2月	3月
期　　首　　残	30,000	19,300	1,300
経　常　収　入	0	0	20,000
変　動　支　出	0	8,000	0
固　定　支　出	10,200	10,200	10,200
経　常　収　支	▲10,200	▲18,200	10,200
経　常　外　収　支	0	0	0
財　務　収　支	▲500	▲500	▲500
期　　末　　残	19,300	1,300	10,300

※経費10,000千円＋金利200千円

※元金返済

　分かりやすくするため1月は，先月まで受注が無かったと仮定すると，1月の入金は無く，また仕入などの変動支出もありません。しかし，人件費や工場経費など固定支出は定期的に発生するため，1月の経常収支は▲10,200千円となります。そして，借入金の元金返済が500千円あることも見逃せません。借入金の返済は損益計算書では出てきませんが，資金繰り表では500千円のキャッシュアウトとなるのです。これにより，1月の期首にあった30,000千円の資金は1月末には19,300千円まで減ってしまいました。

　2月は，材料の仕入支払い8,000千円があり，また先月同様に固定支出が10,200千円あり，入金がないため経常収支は▲18,200千円と大幅なキャッシュアウトになります。財務収支▲500千円も勘案すると，2月末の資金残は1,300千円となってしまいました。資金残は僅少であり，翌月の期中の経費支払いに支障が出ることが予想されます。

　3月は入金が20,000千円と大きくありますが，入金が月末だとする

と，3月初めの資金残では人件費や経費などの支払いができず，資金繰りはショートしてしまいます。そうなると，日繰りで資金の動きを確認する必要が出てきます。最低でも固定費の1か月分の現預金を持っていないと，いざという時に対応できません。こういった場合，社長個人で資金を立て替えることも多いのですが，個人のお金と会社のお金が混同して分からなくなってしまうので，できるだけ行うべきではありません。企業努力で入金を前倒しにするのが正しい行動です。どうしても目途が立たず借入をする時は，借入金にしっかりと"色を付けておく"ことが重要です。そうでないと，いつの間にか借入金が膨れていってしまうからです。

このように資金繰りで見ると，経常収支がマイナスの月があることが分かります。これは，入金が不安定なのにも関わらず，固定費の支払いが毎月発生するためです。中小企業では，リスクを分散した上で確実な入金の柱を3つ以上持つことが重要です。現実問題なかなか難しいのですが，固定費の半分程度を目安に，入金の柱を3年かけて作っていくようにします。

また，この企業で貸倒が発生したらどうでしょうか。20,000千円が入金しないとなると，固定費の支払いもできず，給与は遅配となって社員はみな逃げ出してしまうでしょう。さらに，原材料の仕入もできず製品を作ることができなくなり，顧客からも切られることが想定されます。

入金と支払のサイト差の関係で多少お金が残っていた場合，儲かったと勘違いし，資金繰りの見通しまで考えずに無駄なものを購入したり，過大な経費を使ってしまう社長もいます。このため，常日頃から借入金の返済予定や固定費や変動費の支払いをしっかりと認識しておくことが

重要です。

　実際ある企業で，材料の仕入支払いをジャンプしたことがありました。その後は仕入先はどこも現金取引となり，掛けでの仕入ができなくなってしまいました。こうなると，前述の資金繰り表を見ても分かる通り，変動支出の2月支払いが1月になり，入金とのサイト差がさらに開いてしまい，資金繰りが一層厳しくなります。さらには，仕入先へ値下げ交渉などが一切できなくなり，収益性も悪化してしまうのです。仕入れる量についても一定の制限が入って，適正な在庫を持つことができなくなり，納期遅延など顧客へ迷惑を掛けることにつながってしまいます。さらに，入金が後にズレるなど，資金繰りは悪循環に陥ってしまうのです。

　このようにして，社長の頭の中も支払いをどうするかという資金繰り優先の考えになり，顧客への値上げ交渉もできず，どんなに安くてもやりますという「資金繰り受注」にはまっていってしまうのです。

3-4　経営的経理が中小企業には必要

　企業は赤字では倒産しませんが，資金が枯渇すると企業活動を継続することができません。また，成り行きで経営していては，借入金がどんどん増えていき資金繰りは悪化します。このため，常に先を見て数字で管理することが大切です。こういった点を改善するには，社長だけでは不十分で，経理の力が必要となります。

　経営は先を見ていくことが重要となります。先が見えていれば，社長や幹部はやるべきことが明確になり，社内に対し的確な指示ができ，改

善が進められます。そして社長も安心して仕事に専念できるようになります。このため，来月，再来月の資金繰りが分かることは元より，半年先や1年先まで見えると，今から色々な対策ができ，楽に経営ができるようになるのです。

また，財務体質を改善させて，資金がもっと効率的に回るような体制を作っていくことも重要です。成り行きでは，資金繰りは常に悪化していきます。それは，営業や生産部門の社員達は，資金に対する意識があまり無いからです。つまり，販売部門は販売に一所懸命で回収にはルーズであり，製造部門は納期を重視するあまり欠品を恐れて余分に仕入れるなど，社員自身がミス無く楽にできるようにしてしまうからです。これでは，財務体質や資金繰りは悪化するだけです。

このような状況を改善するには，社長がまず資金の重要性について本気になって考え，経理の意識から変えていく必要があります。中小企業では，経理は「税理士の下請け」として決算書作成をメイン業務としており，ここを変えていくのです。まず，資金と企業の将来を考えるのが

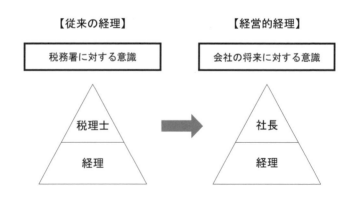

経理の仕事だと認識させ，そして経理が工場や営業など組織を横断的に統率していく体制をつくる必要があります。これこそ，「社長の下請け」としての本来の経理の役割です。決して税務署や税理士のために経理がいるのではありません。

中小企業の資金繰りは，大きな仕入があり支払いが先行すること，売掛金の回収遅れや売上が落ち込む月があるなどで，年間を通して安定推移することはまずあり得ません。収入は毎月不安定なのに，固定費や借入の返済は一定してあるのが一般的です。経理はこの不安定な資金繰りを改善させるという意識を常に持ち，資金繰り計画を作ることが求められます。つまり，経理が資金を重視して企業全体を見て管理できるようになり，各部門に対し発言力を持たなければならないのです。

試算表の作成スピードも，"経営的経理"がいる企業は違います。一般的な中小企業では翌月の末頃に試算表が出来ます。また，社長が試算表の重要性を認識していない場合，どんどん後ろにずれ込み，2か月後になってしまうこともあります。しかし，経営的経理がいる企業では，1週間以内に作成します。この違いは何でしょうか。これは，結果を早く知ることの重要性を知っているか否かです。経営はいかに早く軌道修正できるかにかかっています。業績の良い企業は売上や粗利を見て常に軌道修正し，それを社員にしっかりと落とし込んでいます。試算表作成の実務的な面で1つポイントを挙げるとしたら，仕入計上に大きな違いがあります。相手先から来る請求書を待って仕入計上していては，処理は相手次第ということになって，スピーディーな作成ができません。経営的経理がいる企業では，仕入の請求書では無く，納品書で仕入計上をしています。仕入の都度毎回この納品書の金額と数量を確認して仕入計

上すれば，処理が正確となり最後に来る請求書は確認になるだけです。この流れを作れば，仕入・在庫の管理体制が強化でき，ミスも予防できて粗利改善にもつながります。実はここが収益の源泉でもあるのです。

　また，金融機関に企業を理解してもらうためには，社長だけでなく経理が重要な役割を果たします。経営的経理は，試算表など過去の数字の説明がしっかりでき，また資金繰りの予定を明示できるからです。金融機関は，社長の話だけでは数字面で理解ができないこともあります。その時に経理がしっかり説明できると金融機関の評価も大幅に上がるのです。そのためにも，経理には常に先を読み，資金計画を立て企業の各部署を巻き込んで管理していく力が求められるのです。金融機関に企業のことを理解してもらうことは，経理の重要な仕事の1つと言えます。

第**4**章

資金繰り実績で自社の今を知る

4-1 資金繰り実績の作成

　資金繰り実績は，伝票を元に作成するのが基本です。今はどの企業も会計ソフトを使っており，その仕訳伝票を使い現預金の取引を抽出し集計するので，比較的簡単にできます。集計の手順としては，①財務収支➡②経常外収支➡③経常収支の順で算出していきます。最も集計に手間が掛かるのが③経常収支です。そのため，まずは①財務収支と②経常外収支を集計し，その後に残りの③経常収支を差引で算出するのが効率的です。

資金繰り実績の作成

① 財務収支 ➡ ② 経常外収支 ➡ ③ 経常収支

　まず①財務収支は，主に借入金の調達と返済を集計します。社債や増資なども含め，資金調達分は全て財務収入に集計し，毎月の借入金の返済などは財務支出として集計します。仕訳伝票に金融機関の名前が出ているので，比較的容易に集計できるはずです。また，借入をした契約書や返済約定表を見れば，より簡単に財務収支は算出することができます。なお，利息の支払はここではなく③経常収支とします。

　続いて②経常外収支ですが，支出は主に設備投資など企業維持費に関するものです。また貸付金なども経常外支出として集計します。経常外収入は，貸付金の戻りや一時的な保険金収入など，本業の収入とは別のものを集計します。不動産の賃貸収入や受取利息などP/Lの雑収入に当

たるものは，次の③経常収支とします。これは，決算書の経常利益と合わせるためです。また，預金の振替もこの経常外収入と支出に計上し，振替額が同額になっていることを確認します。

　続いて③経常収支を算出します。まず経常収入については，経常外収入と財務収入を集計した後，現預金の収入合計額からそれらを差し引きます。基本的には売掛金や受取手形の入金額になっているはずです。なお，現金売上もここに集計します。取引先の名称が出ていたら，取引先ごとに入金額を集計します。これは資金繰り計画立案の際に効果的です。また，決算書の売上高と比較してその差額も確認します。特に決算期末に売上が上がった場合などは，大きく差が出ます。その他，売上高との差額はどんな要因があるのか，しっかりと分析することが重要です。大抵の場合，売上金額より入金額が少なくなります。

　続いて経常支出については，既述の通り財務支出や経常外支出などを集計し，現預金の支出合計額から差し引き算出します。そして次に，買掛金の支払額を集計します。これは売上原価（原材料などの仕入や外注費支払）にあたり，変動支出として計上します。多くの場合，月末の支払いで金額も大きく，決算書の買掛金勘定に仕入先名の記載があるので容易にできます。支払が遅れている場合もそれは事実として認識しつつ，実際の支払い日に計上します。通常の業務フローで在庫を積み増すことは，よほどのことが無い限りありません。売上との対比を行いながら，仕入支払が妥当かどうかを確認します。場合によっては，納品書と請求書を突合し，おかしくないかもチェックします。支払が増えている場合，多くは製造における失敗のロスが考えられます。現場を再度見直すとともに，廃棄費用等が増えていないかも確認することが重要です。

　次に固定支出を算出します。費用項目が多いため，大きく分かり易い

ものから集計します。具体的にはまず人件費，続いて社会保険料，家賃，消費税，法人税，その他公租公課を集計します。また，リース料も中小企業では負担が大きい支出項目になり，毎月決められた日に支払がされているはずなので，確認集計が容易にできます。その他，保険料，備品・消耗品費，通信費，交際費など固定的に出る費用があり，一つずつ集計していく手間は馬鹿になりません。そのため，残りは「その他固定支出」として差し引きで算出するようにします。経常収支を出すことが目的なので，細かい費用はその他として逆算して集計します。ただし，売上につながる販売促進費は必ず集計し，変動支出に分けます。企業によって売上につながる販売促進費は色々あると思います。それを変動支出として分けて，売上との対比を行うのです。

　財務収支，経常外収支，経常収支の順で全て算出できたら，期首の現預金を記入し，毎月の入金額と出金額を計算し，月末の現預金残が通帳と合うことを確認します。なお，支出のうち細かく分けられないものや分からないものは，固定支出に計上するようにします。そうすることで後述する資金繰り分岐点の分析でも，分岐点収入が固めに算出されるので問題ありません。

　資金繰り実績の作成は，まず1〜2年分をやることで集計の感覚が身についてきます。まずはやってみることが大切で，決算書とは違う新たな発見があることは間違いありません。毎月の「経常収支」と「預金残」を見ることで，企業の資金ポジションが良化傾向にあるのか，そうでないのかも気づけるはずです。また売掛金回収の重要性を改めて認識することができます。業績に問題ない企業でも，決算書で見るよりも資金繰りのやりくりを見ると，意外と大変だということが分かります。経営者が目を背けたくなることばかりと言っても過言ではありません。例

えば，企業維持費などの投資額も決算書ではB/Sの固定資産が増えるだけですが，資金繰りでは経常外支出としてキャッシュアウトします。当たり前ですが，資金も目減りしてしまい，今後の資金繰りで収入がしっかり入ってこない場合，追加で借入しなければなりません。十分余裕があって資金繰りが順風満帆の中小企業など多くないのが現実です。社長は，こういった現実を認識するためにも，資金繰り実績をしっかり出し，B/Sとともに見ておくことが重要になるのです。

4-2　資金繰り表の分析ポイント

（1）決算書と資金繰り

　中小企業では，決算書をお化粧して黒字にしてしまうことも少なからずあります。そのため，決算は黒字でも資金繰り上では赤字という企業が数多く存在するのです。

　また，発生主義では黒字であっても，実現主義で赤字という場合は，何らかの問題が企業内部にあることが多いのです。例えば売掛金の回収が予定通りに進まなくても，決算書の損益計算書上では売上はマイナスにならないため，放置してしまっているなどが挙げられます。そういった企業は他にも悪化要因を抱えていることが多く，いずれ事業の継続性に問題が生じてしまいます。

　社長は，決算書が黒字にお化粧され，金融機関からも「黒字で良かったですね」と褒められると何となく安心してしまい，危機意識が無くなってしまいがちです。これよって改革が遅れ，あっという間に借入金が膨れて経営危機に陥ってしまうパターンをよく見かけます。そのた

め，資金繰りで事実を正確に認識しておくことが極めて重要です。社長自身が意思の強い人であれば良いのですが，やはり決算が黒字で金融機関の融資が続いてしまうと，ほとんどの人は安心して嫌なことを先送りにしてしまいます。社長はまず事実をしっかりと見て，「経常収支がなぜ赤字なのか」その原因を把握し改善に取り組むことが肝心です。企業活動が数字でリアルに表現されるのが資金繰り表なのです。

（2）資金繰り表を見るポイント

　資金繰りは，B/Sと合わせて見ることが大切です。まず，資金繰り表の「年間収入合計額」と決算書の「売上高＋前期売掛金残‐当期売掛金残」がおおよそ合っていることを確認します。なお，決算が税抜の場合は税込に修正してから計算します。

　次に，毎月の収入のバラツキをどう改善するかを探ります。収入のアップはなかなか難しいですが，「毎月平均化させるにはどうすべきか」「売上の落ち込む月に何か新製品を投入できないか」といった視点で考えていきます。経常収入を平準化させ資金繰りを安定させるためには，どういう取引先を開拓すべきか，自社の製品やサービスをどう変えればそれが達成できるのかを深く掘り下げるのです。そうすると，色々なアイデアが生まれ，何年か試行錯誤の努力をしているうちに成果が出てくるはずです。

　このように経常収入を把握できたら，諸々の支払を差引することで，正確な経常収支が見えてきます。この経常収支は決算書における損益計算書の"経常利益＋減価償却費"とほぼイコールの数値になります。しかし，決算期末で売上が立ったものの売掛金の回収が遅れている場合

や，材料等の先行仕入がある場合は数値にズレが生じてしまうため，「経常収支は2期平均」で見る必要があります。ただし，大きくずれることはまれで，資金繰りと決算書は近い数値になることがほとんどです。

> **正常収益力は**
> **経常収支2期の平均値**

　多くの企業では「売上＝経常収入」とはならないため，売上の回収状況を，資金繰りでしっかり確認する必要があります。注意すべきなのは，売掛金の管理が甘い企業は資金管理全般も甘く，無駄が多く固定費が肥大化しがちだということです。ルーズな企業は，どんなに人を増やし売上を増やせたとしても，絶対に資金繰りは良くなりません。これは，企業経営の一番の根幹になるものです。

(3) 資金繰り表を分析するポイント

　ここでは，資金繰りを分析するポイントとして，①経常収支の分析，②資金残の分析，③経常外収支の分析，④財務収支の分析，この4つについて解説します。

① 経常収支の分析

　まずは，経常収支の年間合計額を見ます。これは，本業の企業活動で得た資金の合計であり，企業が存続していくためにはプラスでなければなりません。なぜなら，この経常収支の資金が元になって，設備投資や借入金の返済をするからです。企業存続のために，毎年最低いくらの経

常収支が必要か，資金繰り実績を元に試算することがポイントです。これは借入金の返済額と設備投資額などから逆算できます。この経常収支は，1期だけでは特殊要因等もあるため，既述の通り2期の平均を実際の収益力として見ることが重要です。

　次に，毎月の経常収支を見ます。経常収支の赤字月が6ヶ月以上ある場合は注意が必要です。よほど収益性の高い事業を行っていれば6ヶ月以上赤字月があっても帳消しにできるので問題ないのですが，そうで無い場合は，収入が不安定で借入体質に陥りやすく，事業構造を改革していく必要があると言えます。特に製造業はこの傾向が強く見られるため，主力商品とは別に，安定した収益の柱を作ることが重要です。

　3か月単位で見て経常収支の赤字が多い場合，ビジネスモデルの根本を変えなければなりません。そのためには，今ある技術やサービスを応用して，新しい業界に向けて商品やサービスを開発し，枠を広げることが効果的です。優良企業はみな，事業内容が少しずつ変わってきているものです。また，新しい仕入先を加えることで支払条件を変えるという視点もひとつです。

　社長は資金が減っていくことから目を背けたがります。しかし，大まかな資金の流れを掴み，どうすれば資金がよく回るかを基本的なところから考え，実際のビジネスモデルの中に落とし込んでみることが重要です。これまでの枠にとらわれず，様々な角度から企業活動を再考していくのです。

　経常収支が数か月赤字で，なおかつ借入金の返済をしていると，あっ

という間に資金は枯渇してしまいます。また不透明な資金流出があるような場合も同様で，社長自ら厳しい姿勢で改善に取り組まなければなりません。そのためにも，まずは実績の資金繰りを作成して，事実を知る必要があります。何となく資金繰りが回っているとつい大丈夫だと思い込んでしまうのですが，事実を数字で見直すことで，資金繰り悪化の芽を早い段階でとらえることができるのです。

②　資金残の分析

　まず，決算期末の資金ポジションを確認します。資金繰り実績では，企業活動を通じてどれだけ資金を増やせたかが重要になります。もちろん，借入だけで資金ポジションを上げたのでは意味がありません。本業の経常収支で資金を稼ぎ，その資金でしっかり納税し，企業維持費の投資と借入返済を行っても期末の資金が期首より増えていることが大切です。次に，毎月の月末資金残を確認します。企業の固定費1か月分を下回らないことが最低条件です。もし下回っている場合は，人件費などの支払いのために月内で資金ショートを起こし，役員の資金投入等で繰り回していることが想定されます。

　さらには，毎月の資金残の年間のピークとボトムを押さえておくことも重要です。毎年同じように資金繰りが苦しいボトム月は，その月の収入を増やしたり，借入を事前に手当てするなど改善策を検討する必要があります。資金繰りが不安な状況では，本業の営業活動にも支障が出てきます。少しずつでも良くなっていれば問題ないのですが，変化がない，もしくは悪化している場合は注意が必要です。

③ 経常外収支の分析

　企業が設備投資を行った場合，決算書ではB/Sに計上されます。そのため，損益上は耐用年数に応じた減価償却費のみ計上され，何となく問題ないように思えてしまいます。また，固定資産に載ってしまうと，資金が流出したことをあまり意識しなくなってしまう社長もいます。しかし，毎月の借入金返済として資金繰りに大きく影響を及ぼすため，その分“経常収支”をアップさせなければなりません。借入金の返済は，折り返し融資を前提に考えては絶対にダメなのです。

　ここでは，「設備投資分をいかに早く回収するか」ということを意識しなければなりません。内容にもよりますが，不動産を除けば現在の経営環境では3年程度が目安です。減価償却費の法定償却年数は実際の経営では当てはまりません。まず単年度で，経常外収支の支出分を本業の経常収支でどれくらいまかなえるのかを考えます。投資によって，売上が自然に大幅アップすると考えることは危険です。借入金によって無理のない資金繰り予定を組むことはもちろん大切ですが，そうではなく，「投資の資金流出分をいかに本業の経常収支で取り戻すか」ということを意識しなければなりません。借入金で投資を行うと当面経常収支は変わらず，財務支出の返済だけが増えて資金繰りは厳しくなります。その返済に充てるための経常収支を増やせないと，いずれ企業は資金繰りに詰まってしまいます。加えて，投資によってほとんどの場合，固定費もアップします。このダブルパンチで企業は無理な受注に走ってしまい，さらに業績を悪化させてしまうのです。

資金繰り悪化例

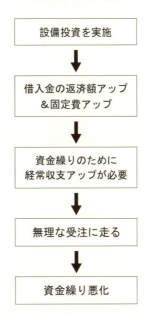

最後に，本業の投資以外で経常外の支出が多い企業は注意が必要です。社長の感覚としては，「ちょっとお金を貸した」または「投資を行った」程度かもしれません。ただ，本業以外での資金流出は，いかなる理由があっても認められません。資金繰りの厳しい企業は少し資金が残るようになると，脇が甘くなって本業以外に資金流出をさせてしまい，再び資金繰り悪化を招いてしまうのです。資金繰りが安定している企業は無駄な資金流出は一切ありません。

④ 財務収支の分析

ここでは，まず経常収支と財務収支のバランスを見ます。もちろん，毎月安定して経常収支の黒字を維持して，その資金を返済に充てられるならば良いのですが，大半の企業はそうではありません。経常収支が黒

字の月と赤字の月が混在しており，資金繰りがひっ迫する月もあります。そのため，3か月単位で見て，経常収支と財務収支がバランスしているかどうかがポイントです。3か月以上資金流出が続くようだと黄色信号です。

　また，半年以上経常収支が赤字の場合は運転資金の借入が必要であり，しっかりと計画しておかなければ，資金ショートを起こしてしまう可能性があります。そのため，昨年の借入実績の時期と金額を把握しておくことが重要です。

　次に，借入金の毎月の返済額を確認します。これも，企業の資金ポジションに大きな影響を与えます。返済額が多額の企業は資金繰りは大きな負担となり，経常収支だけではまかなえず，返済のための資金調達をしなければ仕入支払や人件費などの支払に支障をきたすからです。こういった企業では，政府系金融機関の日本政策金融公庫などを活用して資本性劣後ローンを導入することも有効です。これは5年程度返済が不要となる融資制度で，経常収支で黒字が出ていても，借入返済負担が重い企業にとって，資金繰りの安定化に寄与します。

　また，役員が資金をどれくらい期中で出し入れしているかも重要です。資金繰りが厳しい企業は，金融機関だけでは間に合わず，最終的に役員が資金を投入して繰り回しています。その頻度が多い社長は，資金負担があるのは当然のこと，精神的にも重荷になっているはずです。資金繰りに気を取られていては，会社が良くなることは難しいでしょう。このため，資本性劣後ローンなど長期資金で資金繰りを安定化させ経営改善に注力することは，とても意義があります。その際，融資を受けて安心してしまわないよう注意が必要です。当然ですが，いずれ返済しなければならない資金だからです。

　また，資金繰りにひっ迫していない企業であれば，借入の調達額が妥当かどうかを検証することが大切です。無駄な借入金は金利負担だけでなく，社長の脇も甘くします。こういった企業は，資金繰りを安定化させるだけでなく，もう一歩先の「いかに借入金を減らすか」ということを考えていくのです。そのためには，売掛金の回収遅延は絶対に許さない文化を作り，溜まっている売掛金を少しでも多く回収するという思いで経営に取り組まなくてはなりません。資金繰り計画では，財務収支で資金調達が通常いくら必要かをまず出し，そこから「いかに調達額を減らせるか」を考えます。そういった数字に基づく計画が無いと，前期はいくら返済していくら調達しているのだから，今年もそのくらい調達は必要と思い込んで，安易な借入に走ってしまいがちです。それではいつまでたっても借入が減りません。数字を基に調達額をしっかりコントロールすることが，「借りない資金繰り」のポイントとなります。

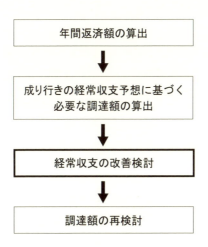

4-3 キャッシュポジションの重要性

　企業は決算期末に目標とする"キャッシュポジション"を常に意識する必要があります。社長がこれを指針として活動するのとそうで無いのとでは，1年後には大きな差となって表れます。

　企業の目標とする資金は，最低でも固定支出1か月分と借入金返済の1か月分です。また，安定した資金繰りを実現するためには，月商の2ヶ月分程度が妥当です。常に資金ポジションを見て，目標に近づいているのか，遠ざかっているのかを確認する必要があります。これには，社員の意識がキャッシュポジション向上につながるように，社長と経理が計画していくことが欠かせません。こういった取り組みを1年かけて地道に継続していけば，自然と資金繰りは改善していくのです。

　財務体質を強化するためには，「無理をしてでも借入せずに資金繰り計画を組む」という通常経理がやりたがらない方法に挑戦する必要があります。そういった目標を，経理の側から社長に対して進言し，一緒に取り組むことが理想です。それを達成するためには営業と製造の各部門が協力しなければ，絶対に不可能です。

　資金繰りが厳しい企業は，何とか資金繰りをつけることだけに終始してしまいがちです。しかし，たとえ急場しのぎで乗り切ったとしても，また同じことを繰り返す可能性が高いのです。そのため，少なくとも「今期末のキャッシュポジションをいくらにするか」という目標を持って経営することが重要です。このキャッシュポジションの意識が社員1

人ひとりの行動を変えていくきっかけになり，全員が意識すれば大きな成果となって1年後に表れるのです。

コラム⑤

経営の基本

　ある旅館経営者と面談する機会がありました。金融機関出身で，突然奥さんの実家を継ぐ形でオーナーになった2代目社長です。それまでは，まさか自分が地方で旅館業をするなど考えもしなかったそうです。

　一時は業績が下降していたものの，試行錯誤を重ね何とか改善してきたのだそうです。その取り組み内容は，決して突飛なことをしているわけではありませんが，多くの企業ではなかなか望めない内容でした。具体的には，「幹部と共に事業計画を策定し冊子にする」「社長自らが細かい経費まで把握している」「社員の安定した生活を最優先にしている」「企業理念を書いたカードを社員に携帯させ，意識を高める」「整理整頓を定着させる」など，経営の基本を押さえたものでした。そういった社長の心がけひとつで，企業は良い方向に舵が切れるのです。

4-4　資金繰り分析の事例

（1）決算書で売掛金が増加した場合の考察

　決算書を見て，売掛金が前期と比較して大幅に増加していた場合，まず取引条件から出る売掛金残の理論値や過去の回転期間などを確認し，増加要因を検討する必要があります。主な要因としては，①回収条件が悪化した，②決算期末に売上が大きく上がった，③経理操作による粉飾，以上3点が考えられます。

　A社は産業用の機械製造業で，大型の機械を中心に1台5百万円程の価格で工場等に納品しています。A社は15年8月期末に大きく売上を計上しました。8月中に出荷して納品しているのですが，回収は翌月では無く11月14,710,284円と翌年5月14,060,385円に行われました。最終の回収まで実に9か月かかった計算になります。これは，製品の不都合や，販売先の期待する精度が出ないなどによって検収が上がらなかったためです。こういった場合でも，製造に関わる材料費などは先行して支払っているため，資金繰りはひっ迫します。実際，9月と翌年2月に資金を調達して繰り回している状況でした。

　このように，売掛金の回収の遅れは命取りであり，ギリギリで繰り回している企業ではなおさらです。安易な販売を許容する企業文化が，利益率の低下と回収条件悪化を引き起こし，さらに“資金繰り悪化”という負の連鎖を生み出してしまうのです。無理な押し込み販売によって売上が上がったとしても，返品になったり，大幅な値引き販売である場合は後々資金繰りを悪化させてしまいます。この点，社長が決算書，特にP/Lだけ重視した経営を行っている場合は顕著です。P/L上では回収遅れは何ら問題ないのですが，資金繰りでは大きな損失となります。その

実績資金繰り表

単位：円

2015年度

	2015年09月	2015年10月	2015年11月	2015年12月	2016年01月	2016年02月	2016年03月	2016年04月	2016年05月	2016年06月	2016年07月	2016年08月	合計
繰越金残高	6,857,061	16,255,610	12,685,259	11,297,927	7,396,786	2,894,902	870,497	8,298,411	1,829,737	5,439,601	8,666,929	2,484,769	
受取手形割引	0	0	0	0	0	0	0	0	0	0	0	0	0
売掛金回収1	2,806,607	15,003,333	4,299,477	10,626,145	7,925,742	2,006,500	19,341,935	8,466,810	10,194,507	9,337,334	4,048,107	3,514,394	97,576,891
売掛金回収2	11,958,099	0	0	0	0	0	0	0	0	0	0	0	11,958,099
売掛金回収3	7,408,667	0	14,710,284	0	7,006,297	6,474,474	5,470,704	0	14,060,385	5,019,042	0	8,901,907	69,051,760
雑収入	0	0	50,371	24,000	0	4,175	6	0	0	2,786	46,850	28	128,216
雑収入2	0	0	0	0	0	0	0	0	0	0	0	0	0
雑収入3	0	0	0	0	0	0	0	0	0	0	0	0	0
その他1	0	6,183	2,087	0	0	0	0	0	0	43,956	0	0	52,226
その他2	0	0	0	0	18,360	0	0	0	0	0	0	0	18,360
	0	0	0	0	0	0	0	0	0	0	0	0	0
	0	0	0	0	0	0	0	0	0	0	0	0	0
	0	0	0	0	0	0	0	0	0	0	0	0	0
	0	0	0	0	0	0	0	0	0	0	0	0	0
	0	0	0	0	0	0	0	0	0	0	0	0	0
	0	0	0	0	0	0	0	0	0	0	0	0	0
経常収入	22,175,373	15,009,516	19,082,219	10,652,145	14,950,399	8,487,149	24,812,645	8,466,810	24,254,892	14,403,118	4,094,957	12,416,329	178,785,552
支払手形	0	0	0	0	0	0	0	0	0	0	0	0	0
仕入外注支払1	5,367,195	3,575,125	5,743,301	4,205,751	6,162,266	6,222,068	4,740,199	4,951,059	3,938,898	2,780,718	2,910,148	1,625,663	52,222,391
仕入外注支払2	3,318,703	1,597,373	3,899,818	3,006,847	6,354,847	6,760,306	4,106,298	3,257,900	2,684,371	2,313,232	437,589	520,918	38,258,202
仕入外注支払3	2,000,000	2,000,000	2,091,760	1,000,000	700,000	2,000,000	1,466,294	1,099,882	614,983	877,673	0	67,705	13,918,281
荷造運搬費	49,828	326,504	85,885	56,946	64,262	46,690	41,744	283,608	64,118	226,773	44,610	45,148	1,336,116
販売会費用	0	0	108,000	734,400	3,456	0	0	0	0	0	0	0	845,856
その他1	100,000	0	200,000	0	100,000	0	0	0	0	0	0	0	400,000
その他2	0	0	0	0	0	0	0	0	0	0	0	0	0
その他3	0	0	0	0	0	0	0	0	0	0	0	0	0
変動経常支出	10,835,726	7,807,002	12,020,764	9,003,944	13,364,831	15,029,064	10,354,535	9,592,459	7,302,350	6,198,396	3,392,347	2,259,434	106,980,652
人件費	1,758,066	2,716,492	2,356,231	2,348,193	2,694,094	2,154,660	2,424,026	2,144,959	2,009,154	2,286,387	1,893,749	2,019,098	26,805,109
家賃	562,000	562,000	564,000	562,000	540,000	540,000	540,000	540,000	572,400	572,400	572,400	572,400	6,732,000
旅費交通費	663,619	368,091	474,879	521,986	574,318	608,115	344,620	264,118	437,331	175,505	456,929	502,595	5,392,106
会議交際費	121,132	104,450	39,835	81,123	98,907	83,668	65,444	157,991	166,305	214,625	471,850	227,936	1,833,286
管理諸費	32,400	32,400	162,000	655,901	162,000	161,400	195,156	60,854	291,600	129,600	410,400	162,000	2,455,711
通信費	46,827	16,317	62,252	44,079	60,212	76,529	47,999	12,346	64,230	34,327	22,570	74,316	561,804
水道光熱費	43,229	124,621	69,337	1,885	92,485	2,001	94,446	63,328	129,246	5,381	128,146	80,372	854,477
消耗品費	0	0	0	10,147	1,408	0	0	28,080	0	0	8,921	0	53,413
リース料	26,250	26,250	26,250	43,098	26,250	32,082	26,250	46,986	26,250	26,250	26,250	26,250	358,416
保険料	142,722	526,331	142,722	237,959	165,179	260,289	165,179	165,179	648,067	165,179	165,179	175,809	2,959,794
支払手数料	15,390	18,144	14,850	15,822	16,200	22,032	114,102	14,364	14,040	14,094	26,732	327,882	613,652
その他1	23,060	225,803	34,235	7,926	143,017	8,300	14,416	12,025	89,618	29,289	9,300	8,728	605,717
その他2	0	0	0	0	0	0	0	0	0	0	0	0	0
その他3	10,617	0	0	0	0	0	0	0	0	0	0	0	10,617
支払利息割引料	221,309	137,758	129,070	91,984	394,888	194,845	587,633	51,595	128,963	136,937	250,208	430,794	2,755,984
租税公課1	4,000	339,600	1,384,070	900	935,045	1,127,296	620,925	369,000	650,133	621,515	742,136	1,073,776	8,048,396
租税公課2	0	0	2,716,200	0	0	0	0	749,800	0	0	0	0	3,466,000
	0	0	0	0	0	0	0	0	0	0	0	0	0
	0	0	0	0	0	0	0	0	0	0	0	0	0
固定経常支出	3,670,421	5,198,257	8,155,931	4,623,000	5,907,452	5,272,645	5,440,196	4,733,025	5,227,337	4,411,489	5,184,770	5,681,958	63,506,482
経常支出合計	14,506,147	12,805,259	20,176,695	13,625,947	19,292,283	20,301,709	15,794,731	14,325,484	12,529,687	10,609,885	8,577,117	7,941,390	170,487,334
経常収支	7,669,226	2,204,257	-1,114,476	-2,974,802	-4,341,884	-11,814,560	9,017,914	-5,858,674	11,725,205	3,793,233	-4,482,180	4,474,939	8,298,218
預金振替	1,000,000	1,200,000	1,000,000	450,000	800,000	2,950,155	1,550,000	300,000	500,000	1,000,000	1,060,000	863,700	12,673,855
その他1	2,300	202,300	100,000	100,000	100,000	0	0	0	0	0	0	0	504,600
その他2	0	0	0	0	0	0	0	0	0	0	0	0	0
その他3	0	0	0	0	0	0	0	0	0	0	0	0	0
経常外収入	1,002,300	1,402,300	1,100,000	550,000	900,000	2,950,155	1,550,000	300,000	500,000	1,000,000	1,060,000	863,700	13,178,455
預金振替	1,000,000	1,200,000	1,000,000	450,000	800,000	5,750,000	1,550,000	300,000	500,000	1,000,000	1,060,000	863,700	15,473,700
その他1	0	200,000	100,000	100,000	100,000	0	0	0	0	0	0	0	500,000
その他2	0	0	0	0	0	0	0	0	0	0	0	0	0
その他3	0	0	0	0	0	0	0	0	0	0	0	0	0
経常外支出	1,000,000	1,400,000	1,100,000	550,000	900,000	5,750,000	1,550,000	300,000	500,000	1,000,000	1,060,000	863,700	15,973,700
経常外収支	2,300	2,300	0	0	0	-2,799,845	0	0	0	0	0	0	-2,795,245
銀行1	0	0	0	0	0	0	0	0	0	0	0	0	0
銀行2	0	0	0	0	0	0	0	0	0	0	0	0	0
銀行3	0	0	0	0	0	0	0	0	0	0	0	0	0
銀行4	0	0	0	0	0	0	0	0	0	0	0	0	0
銀行5	2,000,000	0	0	0	16,090,000	0	0	0	0	0	0	0	18,090,000
	0	0	0	0	0	0	0	0	0	0	0	0	0
	0	0	0	0	0	0	0	0	0	0	0	0	0
	0	0	0	0	0	0	0	0	0	0	0	0	0
	0	0	0	0	0	0	0	0	0	0	0	0	0
財務収入	2,000,000	0	0	0	16,090,000	0	0	0	0	0	0	0	18,090,000
銀行1	213,577	216,908	212,856	216,339	100,000	100,000	0	0	215,341	165,905	100,000	100,000	1,640,926
銀行2	0	0	0	0	0	0	0	0	0	0	0	0	0
銀行3	60,000	60,000	60,000	60,000	60,000	100,000	100,000	100,000	100,000	100,000	100,000	100,000	1,000,000
銀行4	0	5,500,000	0	650,000	0	3,300,000	1,500,000	500,000	7,800,000	300,000	1,500,000	1,000,000	22,050,000
銀行5	0	0	0	0	0	0	0	0	0	0	0	0	0
財務支出	273,577	5,776,908	272,856	926,339	160,000	3,500,000	1,600,000	600,000	8,115,341	565,905	1,700,000	1,200,000	24,690,926
財務収支	1,726,423	-5,776,908	-272,856	-926,339	-160,000	12,590,000	-1,600,000	-600,000	-8,115,341	-565,905	-1,700,000	-1,200,000	-6,600,926
資金残	16,255,610	12,685,259	11,297,927	7,396,786	2,894,902	870,497	8,298,411	1,829,737	5,439,601	8,666,929	2,484,769	5,759,708	

2016年10月07日

ため，回収遅れなどは企業内部に起因すると考えて，改善点を探っていくことが重要になります。

　なお，実際に製品が返品になった場合は在庫になってしまいます。しかし，仕入分の材料等の支払いは当然避けられないため，資金繰りは大幅に悪化します。決算書においては，返品になった場合は在庫に計上されるだけで損になりませんが，資金繰りではキャッシュアウトとなるのです。このため，返品などにより在庫に残ってしまう事態は，絶対に避けなければなりません。万が一そうなってしまった場合，資金繰りを重視している社長であれば，例え損失になったとしても，在庫に残さず換金処分します。この方が社員に対しても示しがつき，同じ過ちを繰り返すことが無くなるからです。企業経営では，「膿を早く出す」ことが鉄則なのです。

（2）売掛金の回収が不能となった場合を考える

　先の事例企業で8月の決算期末で立った売掛金について，回収不能だった場合どうなるでしょうか。11月に売掛金14,710,284円と5月に売掛金14,060,385円が回収されないとすると，年間経常収支は8,298,218円➡-20,472,451円と大幅なキャッシュアウトとなってしまいます。当然，変動費や固定費の支払いはできません。11月の経常収支は-15,824,760円，5月の経常収支も-2,335,180円となってしまい，資金調達の目処が立たない場合は仕入支払いができず，今後の材料仕入や外注先との関係を継続することが困難となります。実際，A社では社長の手持ち資金も底をついており，もしこの回収ができない場合，法的整理に入ることを考えていました。企業が倒産するのは，このように金融機関から支援を打ち切られ，資金が底をついた時なのです。だらだら

赤字を垂れ流していては話になりませんが，今後の方向性が明確であったり，今を乗り切れば改善基調に乗せられると判断できたら，金融機関も積極的に支援すべきです。

　企業において貸倒の発生は，その販売額がまるまる損になります。これは仕入材料だけでなく，それにかかわった人件費などの固定費も全て無駄になってしまうので，非常に大きな損失と言えます。また，金額的な面だけでなく，販売した営業担当も精神的なダメージを受け，社内のモチベーションも大きくダウンします。貸倒に備えてある程度資金を貯めている企業は倒産することはありませんが，そうでない場合は危機に陥ります。このため，最悪の事態に備えて最低限の資金ポジションを蓄えておくことは社長の責務となります。

　今回のA社の場合は，決算期末では預金を月商の1か月分以上保有していますが，期中に資金繰り表を見ると常にその残高で推移している訳ではなく，固定費の支払いなどでかなりひっ迫している月もあることが分かります。

　次に売掛金が回収不能だった場合，決算書ではどうなるでしょうか。決算で回収できなかった額はそのまま売掛金に残ります。または，税務上相手が法的整理などに入った場合は貸倒損失としてP/Lの損金に計上されます。そうなると，B/Sの自己資本は大きく棄損することになります。債務超過に陥ってしまい，金融機関の格付けも大幅にランクダウンし，融資の継続が難しくなるなどの支障が出ることも予想されます。このように，回収できない先への販売は，企業経営において大きなリスクとなるのです。このため，社長は常に与信管理をしっかりと行って経営しなければなりません。売掛金の回収率は，社長が責任をもって管理しないと，社員任せではどんどん悪化します。回収遅れを許容する文化を

一度作ってしまうと，全社員が回収に対して甘くなります。仕入に関しても同様で，社員は在庫を廃棄しても何も感じなくなってしまいます。こういった「成り行きの管理体制」が業績にも数値となって表れるのです。粗利が悪化している要因が社内にあることに気づいていないのは，実は社長だけです。こういったことに陥らないためには，責任体制を明確にして，社長以下全社員が資金に対して厳しい考えを持つことが重要です。そして，こうした意識の積み重ねが，貸倒などの最悪の事態を防ぐことに繋がるのです。

（3）資金繰りから大型の受注を判断する

　例えば機械製造業などは，仕掛在庫が発生するため，製造期間がある程度必要な場合，販売・回収まで時間がかかり資金繰りは非常に大変です。パン製造小売業など，製造してすぐ販売回収できる業種とは大きく異なります。回収が手形の場合は，さらに運転資金が必要となり，回収リスクも考えると資金繰りは極めて厳しいものとなります。このため，"業績を良くする"という点も重要なのですが，"資金繰りを良い体質に持っていく"という考えも併せ持っておくことが，企業のリスク管理において重要となります。仮に業績が良くても，回収まで時間を要する体質では資金が貯まっていく実感がいつまでも持てず，借入体質から脱却することはできません。この両輪のバランスが崩れると，経営におけるリスクは高まるのです。たとえ大型の案件を受注しても，製造のリードタイムが長く回収まで時間を要するようでは，余計資金繰りを悪化させてしまうこともあり得ます。下手をすると，受注しても納品できないという事態になり兼ねません。そのため，自社の資金体質をしっかりと把握した上で受注政策を考えることが重要です。つまり，「受注を断る」という選択肢も十分にあり得るということを，社長は改めて認識しなけ

ればならないのです。

第5章

資金繰り予想シミュレーション

5-1 資金繰り予想シミュレーション

　資金繰りシミュレーションとは，実績を元に来年の資金繰りを予想するもので，実績の数値に係数を掛けて算出します。社長は今後に対する何らかの数字を持つことが重要で，その数字が良いにしろ悪いにしろ，"未来の数字"があることで安心して経営を行うことができます。今後の経営に当たって何が問題になるのか，予想シミュレーションを基に考えるのです。また，いつ資金が不足するのか明確になれば，社長も行動せざるを得ません。

(1) 企業の課題のあぶり出し

　中小企業では，普段通り業務を行っているだけでも，新しい課題が毎日出てきます。緊急性の高いことから取り組んでいるうちに，先日やろうとした"重要なこと"をいつの間にか忘れてしまうことの繰り返しです。そして，これらが少しずつ業績の悪化につながっていくのです。大企業や金融機関のように優秀な人材がいる訳ではなく，社長1人でできることには限界があります。「何となくあれもこれも‥‥」となり，課題の糸が絡まってしまっているのです。多くの場合，資金繰りに影響する上位の課題1つにつき，下位の課題が2〜3つ程度あるため，解決できるレベルにまでブレークダウンすることが必要です。上位の課題のままだと社員への落とし込みができず，次々と出てくる課題に振り回され，いつまでたっても解決できず，資金繰りも厳しいままという状況になってしまうのです。

(2) 予想シミュレーションの実際例

　予想シミュレーションの基本は「成行予想」です。これは，実績の資金繰りに係数を掛けて予想します。基本的な係数は実績に対して収入98％，変動支出103％，固定支出105％です。まず，これで「経常収支」の予想額を算出します。経常外収支については，毎年必要となる設備投資等があれば予想に入れます。財務収支については，借入金の返済が前期並みであればそのまま実績の数値を反映します。そして，まずは資金調達をしないで予想シミュレーションを完成させます。借入金の返済を全て利益で賄えるのは稀です。このため，成行シミュレーションをすると，いずれ資金ショートしてしまうことが分かると思います。そしてこの結果を元に，今後の経営方針や営業施策などを具体的に決めていくのです。つまり，「まず工場は○○しよう」「営業は△△しないとだめだ」といったように，社長自らが考えられるようになることが大切です。これを引き出すのが資金繰り予想シミュレーションなのです。

　先日ある小売企業の資金繰りを成行シミュレーションすると，今期は消費税納付が不可能になることが発覚しました。中小企業では，付加価値の低下と人件費負担のアップにより消費税の納付に苦しんでいます。当社では，社員が商品価格を設定していたのですが，そこに問題があったのです。話をしていく中で，値決めを行う責任者ごとに価格の決め方や消費税の計算方法にバラツキがあり，統一されていないことが分かりました。さらには，新商品を出すタイミングで材料費の値上がりが反映できていないことも明らかになりました。「消費税の納付に支障が出る」という資金繰り上の問題に対し，課題が2つ出てきたのです。まずはこれを解決すべく全般的に見直しを行いました。このように，シミュレーションで先を見ることで資金繰りの問題点を見つけ，その下にある課題を解決できるレベルで把握していくのです。

序章で述べたとおり，東京都の信用金庫の貸し付け条件変更債権はこの5年間で倍になっており，返済が通常通りにできない企業は増加傾向にあり，納税にも苦労しています。こうしたことからも，消費税の納付がしっかりできるよう資金繰りを組むことがまずポイントになります。こういった企業は，原材料の価格や人員確保の問題など，多くのことに対応できていません。この対応の遅れが，最終的に資金繰りの悪化として社長を苦しめているのです。

　比較的業績の良い企業では，さらにもう一歩進めて借入金の圧縮計画へ展開させます。成行予想をベースに，「いかにして借入金の調達額を減らしていくか」を資金繰りシミュレーションで考えるのです。例えば成行をベースに収入を5％アップすると，キャッシュポジションは安全圏を維持しながらも，例年80百万円の調達だったのが，今年は50百万円の調達で繰り回せることなどが分かります。このように，数字でおおよその見込みを立てることが大切なのです。社長の腹に落ちなければ，どんなに数字の整合性が取れた立派な計画書であっても意味がありません。意識を変え行動につながるものが重要で，そのベースとなるのが資金繰りシミュレーションなのです。

　なお，慣れてきたら予想シミュレーションは3パターン行います。既述の「成行」をベースに，「楽観」と「悲観」について実績を元に算出します。楽観は比較的見通しが明るい場合を想定します。収入は110％，変動支出107％，固定支出100％です。なおこの楽観予想は資金繰り計画の目安にもなります。多くの中小企業では，現在の人員体制で売上10％アップは可能です。これ以上売上を伸ばせないというところまで生産性を上げてやっている企業はほとんどありません。日々忙しくしてはいるのですが，まだまだ余力があると考えて間違いありませ

ん。まずは売上10％アップを達成するまでは固定費を増やさないことを1つの目安とし，ここを基準にシミュレーションしていきます。

なお，楽観シミュレーションで金融機関の返済を加えて資金ショートする場合，抜本的な負債の圧縮が必要な状況と言えます。中小企業では借入金の返済負担が大きく，均衡を欠いた状況にあることが少なくありません。借入金が年商を超える状況にある場合は，債権者の同意が得られる可能性があれば，何らかの再生スキームを検討すべきです。

最後に悲観シミュレーションですが，これは最悪の事態に備えておくためにも有効です。一般的に悲観シミュレーションは，経常収入80％，変動支出85％，固定支出105％で算出します。多くの企業では，経常収支は大幅な赤字になり，金融機関から資金調達しない場合，期中で資金ショートしてしまうでしょう。経営には予期しないことが起こるのが常で，悪い方に転んでしまった場合に焦らないよう，悲観シミュレーションして最悪のシナリオを考えておくことも大切です。具体的には，中核となっていた営業の社員が退職してしまう，取引先が倒産してしまう，そしてクレームなどで主力製品の売上が半減するなどが想定されます。

実際，過去20年間営業利益で赤字を出したことのない優良アパレルメーカーも，メインターゲットである中間所得者層がネット通販やファストファッションに流れたことで，売上が3割減になってしまい経営危機に陥りました。しかし，そういった事態になってから資金繰りを考えるのでは遅いのです。常日頃から，このような場合に資金繰りがどうなるか，またどうやって乗り切れるのかをシミュレーションしておくと，いざ事態に直面しても動じません。実際，その当社も資金繰りを何度もシミュレーションして，さらに不採算の取引先を減らすことで粗利の改善に着手し，売上をさらに落とす逆の戦略に出たのです。

この結果，売上は約5割減となりましたが，粗利は逆に8％程改善し，事務所の移転や縮小，役員報酬の大幅削減，人員の整理も断行することで，固定費を大幅に圧縮できました。これにより，資金繰りは売上減少の数か月間は経常収支で大幅な赤字を計上しましたが，直前で金融機関から借入を行ったこともあり，粗利改善等で資金繰りは均衡し，倒産の危機を免れることができたのです。当時社長からも「今，会社を閉めれば借入も清算できるから，もう終わりにしたい」と相談がありました。しかし，資金繰りをシミュレーションすることで，売上を半減させても期の後半ではしっかりと資金が回ることが分かると，「もう少し頑張ってみる」と前向きな言葉も聞けるようになったのです。その後は大手から優秀な人材を取るなどで人員を強化し，攻めに転じることができました。この状況を逆にチャンスだと捉えることができたのです。この発想の転換は非常に大きいものでした。資金繰りで先を見ることで「社長の思考」を180度変えることができたのです。

　これがもし，“社長が不安で一杯のまま”だったら企業の内部はどうでしょうか。働いている社員もそれを敏感に感じます。またリストラが続いたら，全体のモチベーションも大きく低下します。社長もイライラが募り，社内のムードは沈滞してしまい，さらなる売上と粗利ダウンへつながってしまったことでしょう。このような事態を打開するには，やはり資金繰りで先を見ていくことが何よりも重要になります。「最悪ここまで売上が落ち込んでも，やるべきことをやれば，資金繰りはまだ大丈夫だ」ということが自信につながり，社長をポジティブにしてくれるのです。なお，当社は原点に戻って，かつて市場をけん引したようなデザイン性の高い服を作ることを徹底し，それが既存の主力取引先とのパイプを強化し，また新たな取引先の開拓やネット販売を軌道に乗せることで業績を回復させました。社長は振り返って「あの時，パニックに

陥ったままだったら，恐らく会社はもう無かった」と言います。もしも
に備えて資金繰りの悲観シミュレーションをしておくことは，どんな企
業にも有効なのです。

(3) 資金繰りシミュレーションは社長の特効薬

　多くの社長は，自分はこんなに頑張っているのに社員は脳天気だと
言って，厳しく接してしまいがちです。そして毎日資金繰りが不安で寝
付けず睡眠不足が続き，何も改善できずに苦しんでいます。先が見えな
いと人は不安になり，物事を悲観的に考えてしまい，前向きな発想が出
て来なくなるのです。

　資金繰りシミュレーションはこういった場合にも有効です。多くの社
長は，やるべきことが見えると本気になって改善に取り組むことがで
き，成果も出てきます。未来を色々とシミュレーションすることで，企
業の抱える問題点のあぶり出しができ，そこから数か月内に取り組むべ
き短期的な課題が見えてきます。今後1年間の資金状況が見えることは，
社長に考える時間を与えてくれるのです。

　未来が数字で見えることは，社長にとって本当に安心できることなの
です。それが社長の考えを変え，知恵を出させます。そしてそれが会社
全体に良い影響を及ぼし，ひいては改善につながっていくのです。

5-2　資金繰り分岐点分析

(1)　資金繰り分岐点とは

　資金繰り分岐点とは，損益分岐点の考え方を応用し，資金繰りに支障が出ない必要収入額を算出するものです。

　そして，この分岐点収入が現在の体制で達成可能かどうか判断していきます。難しいようなら，どこをどれだけ削除しなくてはならないかを考えるのです。この分岐点を考慮した資金繰り計画が経営改善計画のベースになります。

(2)　資金繰り分岐点の算出方法

　資金繰り分岐点の算出は，図の通り，固定支出額に①設備投資の企業維持費と②借入金の返済額を加算し，これを1-変動支出比率で割って算出します。なお人件費などの固定支出は上昇することが予想されるため，実績よりも固めに成り行きで見ていきます。また，借入金の返済は，調達も一部考慮して決めるようにします。

$$\frac{固定支出＋企業維持費＋借入金返済額}{1-変動支出比率}$$

(3)　分岐点算出のシミュレーション

　それでは，具体的な事例で見ていきます。まず2016年の実績を出し，それを元に2017年の成行予想の「経常収入」「変動支出」「固定支出」を出します。成行予想では，経常収支が▲59,047,196円となりました。

分岐点分析

実績反映

資金繰り分岐点分析	単位：円
2016年	実績
経常収入合計	870,940,190
変動支出合計	615,871,329
固定支出合計	281,822,728
経常収支	−26,753,867
経常外収支	−3,989,190
財務収支	77,063,841
その他	0
差引資金	46,320,784

成り行き反映

成り行き反映	単位：円
2017年	成行予想
経常収入合計	853,521,386
変動支出合計	625,109,399
固定支出合計	287,459,183
経常収支	−59,047,196
設備投資予定	0
借入返済	5,000,000
その他	0
差引	−64,047,196

　次に，ここで目標とする「経常収支」を決めます。借入金返済5,000,000円を行うことやキャッシュポジションを上げることを目標に，目標経常収支は10,000,000円としました。

目標経常収支

	単位：円
目標経常収支	10,000,000

ここから①固定支出，②変動支出，③経常収入のシミュレーションを行って，目標経常収支10,000,000円を達成する資金繰りを作成していきます。

① 固定支出について

　まず，固定支出の削減に当たっては，成行予想の数字をベースに考え，単純に目標経常収支10,000,000円を達成するために必要な削減額を出します。事例では▲69,047,196円の削減とシミュレーションされ，これを達成可能かどうか検討します。

固定支出シミュレーション

単位：円

2017年	成行予想		シミュレーション		差引	
経常収入合計	853,521,386	100.0%	853,521,386	100.0%	0	0.0%
変動支出合計	625,109,399	73.2%	625,109,399	73.2%	0	0.0%
固定支出合計	287,459,183	33.7%	218,411,987	25.6%	−69,047,196	−8.1%
経常収支	−59,047,196	−6.9%	10,000,000	1.2%	69,047,196	8.1%
設備投資予定	0	0.0%	0	0.0%	0	0.0%
借入返済	5,000,000	0.6%	5,000,000	0.6%	0	0.0%
その他	0	0.0%	0	0.0%	0	0.0%
差引	−64,047,196	−7.5%	5,000,000	0.6%	69,047,196	8.1%

　次に削減可能額を積み上げていきます。これは，役員報酬や人件費など，確実に削減できるものを中心に積み上げて算出していきます。積み上げていくと35,000,000円になりました。中小企業はほぼギリギリの人数でやっているため，人員削減にはあまり期待できません。そこで，現場を回す人は減らさずに，若手の人材を早期に育成して管理職を兼務させ，給与の高い管理職を削減するという方法で検討します。まずは大まかでも良いので概算で見積もり，再度固定支出の削減に戻ってくるという作業を何度か繰り返すことが，実現可能な水準を見るのにも有効です。ここで固定支出が確定しましたが，経常収支は依然として▲

24,047,196円となって，借入金の返済5,000,000円は不可能な状況にあります。

固定支出削減

単位：円

	シミュレーション	確定
削減額	69,047,196	35,000,000

固定支出確定

単位：円

2017年	成行予想		シミュレーション		差引	
経常収入合計	853,521,386	100.0%	853,521,386	100.0%	0	0.0%
変動支出合計	625,109,399	73.2%	625,109,399	73.2%	0	0.0%
固定支出合計	287,459,183	33.7%	252,459,183	29.6%	−35,000,000	−4.1%
経常収支	−59,047,196	−6.9%	−24,047,196	−2.8%	35,000,000	4.1%
設備投資予定	0	0.0%	0	0.0%	0	0.0%
借入返済	5,000,000	0.6%	5,000,000	0.6%	0	0.0%
その他	0	0.0%	0	0.0%	0	0.0%
差引	−64,047,196	−7.5%	−29,047,196	−3.4%	35,000,000	4.1%

② 変動支出について

　次に変動支出の削減を検討していきます。固定支出と同様に，目標経常収支を達成するための変動支出の削減額を出すと▲34,047,196円となります。これは，成行の変動比率73.2%から69.2%へ4ポイントの削減が必要な状況と言えます。これも当社の仕入発注や在庫管理，粗利の改善などを見ながら達成可能な水準を検討していきます。着眼点は在庫の管理，仕入先の集約化，外注がある場合はその内製化など，いま当たり前に行っている社内の業務フローを見直すことです。

変動支出シミュレーション

単位：円

2017年	成行予想		シミュレーション		差引	
経常収入合計	853,521,386	100.0%	853,521,386	100.0%	0	0.0%
変動支出合計	625,109,399	73.2%	591,062,203	69.2%	−34,047,196	−4.0%
固定支出合計	287,459,183	33.7%	252,459,183	29.6%	−35,000,000	−4.1%
経常収支	−59,047,196	−6.9%	10,000,000	1.2%	69,047,196	8.1%
設備投資予定	0	0.0%	0	0.0%	0	0.0%
借入返済	5,000,000	0.6%	5,000,000	0.6%	0	0.0%
その他	0	0.0%	0	0.0%	0	0.0%
差引	−64,047,196	−7.5%	5,000,000	0.6%	69,047,196	8.1%

　ここでは，倉庫の整理から着手します。特に倉庫が大きい企業は無駄が多い傾向があります。スペースがある分，資材や商品を多く仕入れてしまい，眠らせているのです。あるメーカーでは，2工場あるうち片方の倉庫が約2倍と大きかったのですが，そちらの方が，経常的に無駄な在庫が多いことが判明しました。もちろん，作っているものに多少違いはあるのですが，必要以上に買い込んでいたのです。これは，「倉庫があるなら」という安易な考えが根本にあったためです。それを正すにはまず，社長直轄で不良在庫を一旦全て廃棄し，現場社員の意識改革をする必要があります。そのままズルズルといくと，いつまで経っても何ら変わりません。まずは，仕入先などの相手に交渉するのではなく，社内

で取りこぼしている利益を認識し，改革に取り組む必要があるのです。

　次に仕入先への交渉に移ります。ここでは，信用不安が起こることが無いよう注意が必要です。やることは，締日の変更，仕入単価見直しのための相見積もりです。まず締日変更は，資金繰り上のインパクトが大きく，相手も受け入れやすいため，まずはここから着手します。具体的には末締め翌月末払いの企業を，20日締めの翌月末払いとすることで，買掛金のサイトが10日延び資金繰りが改善されます。これをするには，過去の支払いに遅れが無かったかなど，仕入先に対し誠意ある対応ができていたことが前提となります。その際，仕入先の集約を図り，相手にも発注量を増やすというメリットを出すことも重要です。次に仕入価格については，忙しさを理由にそのままの企業がほとんどです。値上がりした場合もそのまま受け入れるのではなく，相見積もりを徹底し交渉を行います。

このように様々な点を検討していき，実際に達成可能な水準を見積もります。事例では73.2％➡71.2％と2ポイント削減を見込むこととなり，固定支出，変動支出の削減効果によって，経常収支は▲6,976,768円となりました。しかしこれでも目標には届きません。借入金の返済5,000,000円もできない水準です。

変動支出削減

単位：%

	シミュレーション	確定
削減割合（%）	4.0	2

変動支出確定

単位：円

2017年	成行予想		シミュレーション		差引	
経常収入合計	853,521,386	100.0%	853,521,386	100.0	0	0.0%
変動支出合計	625,109,399	73.2%	608,038,971	71.2%	−17,070,428	−2.0%
固定支出合計	287,459,183	33.7%	252,459,183	29.6%	−35,000,000	−4.1%
経常収支	−59,047,196	−6.9%	−6,976,768	−0.8%	52,070,428	6.1%
設備投資予定	0	0.0%	0	0.0%	0	0.0%
借入返済	5,000,000	0.6%	5,000,000	0.6%	0	0.0%
その他	0	0.0%	0	0.0%	0	0.0%
差引	−64,047,196	−7.5%	−11,976,768	−1.4%	52,070,428	6.1%

③ 経常収入について

　最後に経常収入の増加シミュレーションをします。固定支出は252,459,183円と決め，また変動支出の比率も71.2%と決めているので，目標経常収支10,000,000円を達成するのに必要な経常収入は，分岐点算出にそって計算することができます。今回，必要な経常収入は911,316,607円と算出されました。成り行き予想と比較すると57,795,221円の収入アップになります。

経常収入シミュレーション

単位：円

2016年度	計画		シミュレーション		差引	
経常収入合計	853,521,386	100.0%	911,316,607	100.0%	57,795,221	6.9%
変動支出合計	625,109,399	73.2%	648,857,424	71.2%	23,748,025	2.9%
固定支出合計	287,459,183	33.7%	252,459,183	27.7%	-35,000,000	-4.1%
経常収支	-59,047,196	-6.9%	10,000,000	1.1%	69,047,196	8.1%
設備投資予定	0	0.0%	0	0.0%	0	0.0%
借入返済	5,000,000	0.6%	5,000,000	0.5%	0	0.0%
その他	0	0.0%	0	0.0%	0	0.0%
差引	-64,047,196	-7.5%	5,000,000	0.5%	69,047,196	8.1%

　この数字を基に，分岐点収入を達成するための営業戦略を検討します。得意先ごとに販売余地がどれくらいあるのか，営業部門と社長で話し合い見極めることが重要です。その際，社長がトップセールスで回らないと事実は掴めません。社長自ら得意先へ行くことで，「自社の営業がお客様の問題点まで把握して，良い提案をできているのか」「お客様の問題解決のための商材を新たに開発し投入できる可能性はあるか」など，多くの点に気づくはずです。実際はそれができていないからこそ，売上が低迷しているのです。社員の報告が全て正しいということは絶対にあり得ません。また，根性営業も時には必要ですが，営業部門が楽に仕事ができるよう，社長が知恵を絞って新たな商材の開発と投入を検討することも重要です。また営業部門も，商品をブランド化するために知

恵を出したり，お客様へのより良い売り方を研究するなど，ルーティン化した営業から脱する努力が求められます。さらには，取引先の見直しも重要です。これをすることで，不採算な取引先を減らして収益率をアップさせ，分岐点収入を下げることが可能となります。またこういったことをやると営業のお尻に火がつき，本気になって新規開拓をするようになります。

　これまでの経営では資金繰りがなかなか好転せず悩んでいる社長も多いのですが，「何をどれくらい減らすか，増やすか」という数字に基づいた経営ができていないことがその原因です。よく分からないから，とりあえず売上アップを目指しているのが本音ではないでしょうか。もちろん，売上は重要なのですが，しっかりと分岐点を認識した上で売上を追わないと，ただ無駄な努力を繰り返しているだけになってしまうので注意が必要です。

第**6**章

資金繰り計画の策定

6-1 借入金圧縮に有効な資金繰り計画

　多くの中小企業では，過去からの設備投資や赤字補てんなどで過剰債務に陥り，返済負担にあえいで苦しい資金繰りを余儀なくされています。こうした企業は借りては返すのくり返し，またはリスケジュールをして返済を猶予してもらうなど，正常な取引状況にありません。しかし，これが当たり前になり，いずれは景気が回復して返済できるはずと信じているうちに時が過ぎ，10年経っても厳しいままという企業も少なからずあるのです。

　ほとんどの中小企業では，明確に「何年で」「いくら」借入金を減らすという目標を立てて事業を行っていません。「利益が出るか出ないかは，やってみないと分からない」「とりあえず金融機関が融資を継続してくれたらいい」「返済も利益が出たらやる」という姿勢でいることが多いのです。さらには，借入金が減らないのは国の政策が悪いからだと責任転嫁している社長もいて，これでは永遠に借入金を減らすことはできません。

　借入金を圧縮するための計画こそ中小企業に必要なものであり，これは資金繰りを元に考えていきます。借入金の返済原資である経常収支と借入金の返済額を1つの表にまとめ，企業が継続していくことが見れるのが資金繰り表だからです。当たり前ですが，資金ショートしては企業を継続させることはできないのです。

　次に，借入金を圧縮していくために，まず借入金を「色付けする」こ

とから始めます。具体的には以下のようになります。

借入金の色付け

白	運転資金
灰	固定資産
黒	赤字補填

　具体的な事例で見ていきます。借入金が決算期末で400百万円，年間の付加価値額が250百万円の企業は，借入金の色付けをすると，白色の運転資金が100百万円，灰色の固定資産が180百万円，残りの黒色の赤字補填が120百万円となりました。この企業は過去からの膿が120百万円溜まっており，これを5年かけて圧縮していく必要があるのです。

　毎年30百万円ずつ返済していけば，5年で250百万円まで圧縮することが可能です。もちろん，そう簡単にはいかないのですが，目標として設定する意義は十分にあります。まず必要な圧縮額を知ることが，健全な財務にしていくための第一歩となるのです。

借入金の色付け

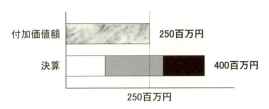

付加価値額		250百万円
決算		400百万円
	250百万円	

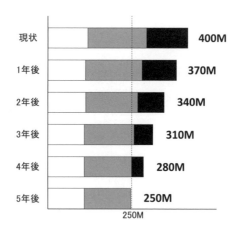

現状	400M
1年後	370M
2年後	340M
3年後	310M
4年後	280M
5年後	250M

250M

　借入金は一時的には資金繰りを好転させますが，必要以上の借入は長期的に見ると企業の財務体質や資金繰りを悪化させる元凶です。そして何よりも組織全体を甘えの体質にしてしまうことが問題です。具体的には，「売掛金は相手次第のため回収が遅れるのもしょうがない」「経費削減は今じゃなくても大丈夫だろう」「まだ資金もあるし金融機関も融資に積極的だからもう少しこのまま行こう」というような甘い誘惑に社長が負けてしまうのです。やはり社長も人の子なので，楽な方に流れてしまうことがあります。そして，いつの間にか借りたお金はどこかへ消えてしまい，借入過多の肥満体形の財務体質になってしまうのです。中小企業が借入金の許容範囲を超えないためには，厳しい自己管理が求められます。借入金は"年間付加価値額"までが許容範囲で，当たり前ですが，借りたものは返さなければならないのです。

　借入金も，当期に返済が年間30百万円で，調達が30百万円だと借入残高は前期と同額ですが，売上や回収率のアップを図り，借入金の調達を20百万円に減らすことができれば，年間10百万円借入を圧縮するこ

とができます。将来の資金繰りに苦労しないためには，この「借りない我慢の体質」を会社全体で協力して作ることです。これが借りない資金繰りの基本的な考え方です。多くの社長は勘違いしているのですが，借入金が自然に減ることはありません。資金繰り計画を立てて本気になって全社員の協力を得なければ，達成することはできないのです。このように，資金繰り計画を立て常にキャッシュポジションの向上を図りつつ，借入に頼らない企業運営を目指すことが大切です。できる社長は運転資金を"ひも付き"で借入し，極力自己資金で回すよう努力しています。

　多くの中小企業の社長は，資金繰りに支障が出ないよう，これまで通り調達できることを優先的に考えて行動します。それでよいと考えることも一部では正しいのですが，やはり少しずつでも借入金を圧縮できるような計画を組むことが，企業の継続性を考える上で重要です。この小さな意識と全社員の毎年の絶え間ない取り組みが，5年後に財務体質の強固な企業を作り上げていくのです。

　また多くの社長が，「金融機関に騙されて借金をした」「気が付いたらこの借入金があった」と言います。もちろん取引先の倒産などによって借入金が膨らむことも事実ですが，多くの場合は自社の問題を借入で先延ばししてきた結果です。社長自らが借入金をコントロールする気持ちを持たなければ，借入依存の財務体質から抜け出すことは不可能なのです。

企業は資金繰りが厳しくなってくると，安易に金融機関から借入を行ってしまいがちです。それは，毎月の損益が「赤字と黒字が混在」すること，「売掛金の回収と買掛金の支払の帳尻がうまく合わない」ことから，月々の経常収支がマイナスになってしまうためです。「1年の決算で利益がプラスなら良い」という考えでは，借入金は絶対に減ることはありません。社長は，「今までの経営のやり方全てが会社を借入体質にしてしまっている」という認識を持ち，資金の凸凹をどうにかして改善することが重要なのです。また，今後の借入について，しっかりと色を付けておかねばなりません。そうでないと，いつの間にか年商レベルまで借入金は膨れてしまうでしょう。どんな場合でも，借入金の上限は付加価値額までが基本となるのです。

6-2　在庫の管理

（1）在庫管理の重要性

　業績の厳しい企業は，在庫の管理は後回しとなって手を付けていません。それよりも，まず売上を少しでも上げることに頭が一杯で，支払のために資金繰りに奔走しているのです。

　また，業績の厳しい企業ほど在庫は多くなります。これは2つの視点から言えるのです。1つ目は，決算である程度のお化粧をすることが多い勘定科目であり，中小企業において多少在庫数字を上乗せして黒字にすることは少なからずあり得るからです。2つ目は，社長以下社員も在庫に対する意識が希薄で無管理状態となっていることが多く，在庫の廃

棄に対しても「お金だという感覚」を持てていないからです。「このくらいならいいだろう」という安易な意識が積み重なり，見えない無駄が生じ，決算で利益が残らなくなっているのです。

　中小企業の資金繰り改善において，在庫の管理に着手しないことはあり得ません。まず自社でできることをやるのが鉄則で，在庫の管理はその最たるものです。このための時間を確保して，帳面の在庫数量と実際の倉庫にある数量を把握します。その際，デッドストックをしっかりと分け，社員のいる前でそれを廃棄することが重要です。この行為は社員への意識付けとして有効で，そうでないと，いつまでも在庫に対する意識が芽生えません。

　資金繰りの改善において，社長は正しい在庫管理ができるよう努力しなければなりません。この在庫管理は手間がかかるため，どうしても後回しにしてしまいがちですが避けてはなりません。まずは「倉庫を整理すること」がその第一歩になります。社員が小さな額の在庫品まで意識できるよう改革していくことが，遠回りに見えて一番の近道なのです。

　在庫管理では，まず在庫の数量が正確に把握できると，余分に仕入れていた社内の実態が明らかとなります。また毎月の適正な在庫数量と金額が分かると，発注量のコントロールが可能となります。さらには，納品書の確認によって相手側のミスに気づくこともでき，資金繰りの改善に繋がります。

　単に在庫管理等のシステムを導入すれば変わるかというと，そうではありません。実際，高額なシステムを用いても何ら改善されなかった企業もあります。社員の意識を変えるには，やはり1つひとつ実地で棚卸

を行って，自社に合った管理方法を考える“地道な取り組み”が有効なのです。

(2) 資金繰りにおける在庫計画

資金繰りにおける在庫計画は，「原材料の適正在庫」を中心に見ていきます。製造業の場合，仕掛在庫と製品在庫は一定量あることが想定されますが，前提として毎月の売上の変動に左右されます。このため，仕掛品と製品在庫の削減計画は資金繰り計画では立てません。

在庫計画は基本的に翌月の売上に合わせて，材料在庫が月初に1か月分あることが「適正在庫」の基準であり，極端に減らすことはできないと考えます。同じ社員でこれまでと同程度の売上を達成していくためには，いきなり在庫を半減するのは難しいでしょう。

棚卸をしていない企業の場合，実績で原材料費比率が上がっていたら，材料在庫を積み増したという判断をします。例えばロス率の上昇により原価がアップする可能性もありますが，急激に製品の原価率が変わることはほぼ無いと思います。こういった在庫積み増しの要因を把握することはとても大切で，低減できることを見つけるきっかけにもなります。

資金繰り計画では，適正在庫を把握し，それに合った在庫にしていく体制を作ることがまず第一になります。原材料費比率が前期と同率とした場合，在庫が減った分を資金繰りでも支払を削減できるからです。この在庫計画を作成すると，仕入支払の削減ができるだけでなく，社長が数値を知ることで，原材料の仕入比率と金額，また実地棚卸を行った際

の棚卸数値への感度を上げることができるようになります。社長の頭の中に在庫計画の数値があれば，実績との比較が可能になり，問題点に気付くことができるのです。

そして，この材料在庫が減り適正になることで，仕掛在庫や製品在庫にも良い影響が出てきます。こういった材料在庫が減ることで作り過ぎの無駄なども減り，デットストックとなり廃棄されるリスクも減らすことができるのです。ただ実際のところ工場は，無駄なものを仕入れることは実務上ほとんどありません。あったとしても，材料在庫は翌月には消化してしまうので，大した影響がないのも事実です。ただし，賞味期限のあるものはそのまま損失となってしまうため注意が必要です。

適性在庫の取組みは，社員の在庫に対する意識アップにもつながります。どうしても社員は在庫は"お金"だという意識が希薄で，平気で在庫を廃棄してしまいます。資金繰りで見れば，在庫は貴重なお金と同じなのです。中小企業のように売上があまり大きくない場合，少しの在庫ロスも"塵も積もれば山"となり，損益と資金繰りに大きなインパクトを与えるのです。決算で粗利率の減少となって数字に表れてから気付いたのでは手遅れです。これを避けるためにも，毎月しっかりと在庫管理を行っていく必要があるのです。競合先は在庫管理に着手し，粗利率を常に改善させています。自社の適性在庫をしっかりと把握し管理していくことが，資金繰りの改善において大きな意味を持つのです。

6-3　資金繰り計画の策定

資金繰り計画を策定する意義は，借入金を圧縮できる唯一の計画だか

らです。支払不能という最悪のシナリオを考慮した上で，「問題ない
キャッシュポジションを維持しながら借入金の返済を進めること」が目
的です。過剰債務を解消して健全なB/Sをつくるために，資金繰り計画
は有効なツールなのです。

　資金繰り計画の要点は，前期実績を見て資金繰り上の問題点を把握
し，予想シミュレーションを3パターン行って「経常収入・変動支出・
固定支出」の達成可能な水準を考えることです。次に企業維持費と借入
金返済を考慮し，不足する資金額を把握します。不足分を借入でまかな
う際には，調達計画を金融機関ごとにシェア案分などで考えておきま
す。ここで重要なポイントは，「いかに借入金の調達を減らし，経常収
支を増やしていくか」という視点を持って計画を立てることです。

　資金繰り計画を立てるには，P/LとB/Sの両方の理解が必要です。一
生懸命やっているはずなのに，いつまで経っても成果が出ないというの
は，問題を正確に把握していないことも要因です。資金繰り分岐点の考
え方や取引先ごとの採算管理などを理解すると，努力の方向性も変わっ
てくるのです。もちろん，短期的に資金繰りを改善させるには売上増加
が効果的ですが，それだけを計画していては，外部環境の影響で達成で
きないこともあり得ます。このため，自社で必ずできることを資金繰り
計画に織り込んでおくことが重要です。多くの社長は面倒だと言って考
えることを放棄してしまいます。しかし，これは非常にもったいないこ
とです。資金繰り計画を作成していけば問題点に気付くことが出来るの
です。
　それでは，資金繰り計画の立て方について，以下の手順に沿って具体
的に解説していきます。

> （1）　決算書の税抜か税込の把握
> （2）　取引先ごとの売上実績と仕入実績を見る
> （3）　取引先ごとの売上計画と仕入計画を立てる
> （4）　回収・支払実績を見る
> （5）　回収・支払計画を立てる
> （6）　固定支出のシミュレーション
> （7）　企業維持費の算出と投資計画
> （8）　借入金の調達と返済
> （9）　法人税等と消費税
> （10）　資金調達等の再検討

（1）　決算書の税抜か税込の把握

　資金繰り計画の作成に当たり，まず企業の決算処理が「税込」か「税抜」かを把握する必要があります。中小企業の決算書では税抜会計が多いと思います。資金繰りでは，これを税込みに変える必要があります。売上高がそのまま経常収入となる場合は108％を勘案する必要があり，また仕入外注支払も同様です。計画では消費税の納付予定を入れ忘れてしまうことも多いので，注意が必要です。

　参考までに，以下がB/SとP/Lの「税込」と「税抜」を表示した表になります。資金繰り計画を作成する際には必ず確認しましょう。

貸借対照表（B/S）

流動資産	【税抜処理】	【税込処理】
売掛金	108	108
未収入金	108	108
在庫	100	108
固定資産	【税抜処理】	【税込処理】
建物	100	108
機械	100	108
その他	100	108

流動負債	【税抜処理】	【税込処理】
買掛金	108	108
未払金	108	108
固定負債	【税抜処理】	【税込処理】
借入金	100	100

損益計算書（P/L）

	【税抜処理】	【税込処理】
売上	100	108
仕入外注費	100	108
労務費	100	100
その他原価	100	108
人件費	100	100
保険料	100	100
公租公課	100	100
その他販管費	100	108
支払利息	100	100

（2）取引先ごとの売上実績と仕入実績を見る

　取引先ごとに毎月の売上実績と仕入実績を出し，まずは3年分の推移を把握します。これは，次の売上計画と仕入計画のベースになる重要なものです。その際，販売先や仕入先がどのように変わってきているのかを確認します。3年間全く同じということはあり得ません。常に見直しを行っている企業の方が成長しているものです。この販売と仕入の実績を分析することで，今後の方向性も見えてきます。

（3）取引先ごとの売上計画と仕入計画を立てる

　取引先ごとの売上計画は，既述の資金繰り分岐点も参考に計画します。前期実績か過去3年の平均値をベースにして，取引先ごとに月次で昨対で10％アップさせた計画を作成することも，たたき台としては有効です。その際には，同様に仕入先も10％アップか，成り行き係数を

勘案して15％アップなどとします。また，相見積もりや価格交渉による削減率を取引先ごとに勘案すると，改善イメージが湧いてくるはずです。さらに在庫の圧縮計画による仕入削減を織り込んで，月次で売上計画と仕入計画を作成します。

(4) 回収・支払実績を見る

　次に売掛金と買掛金について見ていきます。

　まず売掛金の回収率ですが，これは前月の売掛金残高に対し，どれくらい当月に回収したかを見る指標です。前月の売掛金残に対し当月全て回収できていれば回収率は100％となりますが，取引先ごとの締日の関係からまずあり得無いでしょう。取引先ごとに回収条件が異なるのが一般的なので，まず全体の売掛金の回収率を把握します。

　また，買掛金についても同様のやり方で支払率を算出します。当月の支払額を前月の買掛金残で割ることで支払率が算出されます。多くの場合，支払いは当社都合となっているため，支払率は一定であることがほとんどです。月末締めの翌月末払いであれば，理論上の支払率は100％となります。

　そして，この回収率と支払率を比較することが重要です。多くの企業は下記のようになります。

$$\boxed{\text{回収率} < \text{支払率}}$$

　こういった状況は，売掛金を回収する前に買掛金の支払いをしていることを表しています。資金繰りの基本は「回収したお金で支払う」ということです。このためには，回収条件と支払い条件を見直し，改善していくという考えを持たなければなりません。

なお，支払手形を発行している企業は，手形期日まで考慮して資金繰り計画を作成します。ただ，手形は倒産の元凶であり，これによって資金繰りをつけている企業は改善が遅れる傾向にあるため，中小企業ではやめるべきと言えます。支払手形を発行する前に，ルーズな回収を徹底することや，一部でも良いので前金でもらえるような取引形態に変えるよう努力すべきです。手形は金利の掛からない資金調達手段とも言えるのですが，金融機関からすると，リスクのある先と見ています。また実務上では，仕入価格に手形期日分の利息が含まれているため，これを現金払いに変更することで，価格交渉もしやすくなります。そして，手形取引から脱却するためには，金融機関から長期の運転資金を導入することが有効です。日本政策金融公庫などでも，こういった融資制度があるので活用すると良いでしょう。

(5) 回収・支払計画を立てる

　次に回収計画ですが，これは取引先ごとに期首の売掛金残高を前期決算書より転記し，販売計画から売掛金残を出し，この金額に実績の回収率を勘案して，毎月の回収額を算出し，資金繰り計画に反映させます。なお，手形がある場合には，手形期日での回収とするか，割引や譲渡手形により現金化されるものとして回収予定を立てます。

　また支払計画についても同様に，前期の買掛金残高を取引先ごとに転記し，仕入計画から買掛金残を出し，支払率を勘案して支払予定を立てます。支払手形を発行している場合は，その日数を考慮し支払を予定します。

(6) 固定支出のシミュレーション

　前期の資金繰り実績を元に，資金繰り分岐点も踏まえて固定支出を計

画します。まず一番簡単なのは，消費税や法人税，支払利息などを除いた固定支出を前期の105％として成り行きで算出することです。固定支出の5％程度は自然にアップします。これに，人員計画を考えて人件費と法定福利費の増減を勘案します。1人増員した場合，毎月300千円アップなどと決めて予定に加算していきます。人が増えればそれに応じて全体の固定費はアップしますので，増員計画がある場合，5名までは全体の経費をさらに1〜2％アップ，それ以上の場合は3％アップを基準として考えておきます。なお，決算書の販管費から数値を持ってくる場合は，税抜の場合は税込処理に変える必要があります。この場合，非課税の人件費，保険料，支払利息，租税公課の金額以外は税込にします。なお，固定支出は前期実績から未払いを増やさないよう計画します。もし未払を増やす場合は，B/Sの未払金等の増減に注意が必要です。

　ここまでで仮の「経常収支」が算出されますが，この段階で年間経常収支の合計額が赤字の企業は問題です。なぜなら，ここからさらに（7）企業維持費，（8）借入金の調達と返済，さらには（9）消費税と法人税の支払等が必要になるからです。

（7）企業維持費の算出と投資計画

　次に経常外収支である企業維持費などの設備投資予定を見積もります。企業維持費は，既述の更新投資と増強投資の両方を検討して，金額と時期を決めていきます。まずは，既存の固定資産を金額で把握しておくことが肝心です。固定資産を知ることで自社の「体格」がわかり，現在の売上と見合っているのかそうで無いのかも判断することができるからです。そして，それが今後の投資計画にも影響してくるのです。

（8）借入金の調達と返済

　そして，財務収支である借入金の調達と返済を検討します。先の企業維持費とも関係してくるのですが，5年間の調達と返済計画を立てておくことが重要となります。そして，最終的には借入金の総額を付加価値額の範囲に持っていくためにどうしたら良いのか検討します。計画の進捗なども考え，5年間の返済額の目安をつかんでおくのです。具体的には，5年で100百万円の返済をする場合，1年目は10%，2年目は15%，3年目は15%，4年目は25%，5年目は35%など割り振って数値を見積もるのです。これは，社員が少しずつ成功体験を積んでいき成長することを想定しています。社員は，いきなり大きな目標を掲げられても到底達成できないと思ってしまいます。少しずつやらせることで，試行錯誤しながら成長していき，成果が出るものなのです。なお，この借入金の残高から支払利息も算出できます。

（9）法人税等と消費税

　最後に，法人税等と消費税を計画します。法人税については，後述する資金繰り計画と連動するP/L計画から税引き前利益が算出され，これに法人税率等を勘案して算出します。また，消費税についても，P/L計画の課税収入と課税支出から消費税額を算出することができます。その際，受取利息，人件費，保険料，支払利息などの非課税分は除きます。

　なお，本来消費税の確定分は翌期の支払いですが，資金繰り計画においては当期で全額支払とします。加えて，前期の確定分の支払を決算申告から2か月後に資金繰り計画へ反映します。こうすることで，より固めに資金繰り計画ができるのです。

資金繰り計画

単位:千円

		2017年4月	2017年5月	2017年6月	2017年7月	2017年8月	2017年9月	2017年10月	2017年11月	2017年12月	2018年1月	2018年2月	2018年3月	合計
	繰越金残高	40,571	34,532	16,046	33,729	46,917	36,549	43,331	31,713	52,480	52,177	56,858	56,682	
経常収入	北陸電力	6,000	4,000	3,400	3,400	3,400	5,000	3,400	3,400	6,000	2,000	3,000	5,000	48,000
	A店	27,030	25,228	30,634	36,040	25,228	30,634	25,228	21,624	21,624	32,436	46,852	37,842	360,400
	B店	26,350	24,650	29,750	32,300	25,500	28,050	25,500	24,650	25,500	29,750	39,950	34,850	346,600
	C店	29,198	27,251	33,091	38,930	27,251	33,091	27,251	23,358	23,358	35,037	50,609	40,877	389,300
	リフォーム	17,000	17,000	17,000	17,000	17,000	17,000	17,000	17,000	17,000	17,000	17,000	17,000	204,000
	その他1	0	0	0	0	0	0	0	0	0	0	0	0	0
	その他2	0	0	0	0	0	0	0	0	0	0	0	0	0
	その他3	0	0	0	0	0	0	0	0	0	0	0	0	0
		0	0	0	0	0	0	0	0	0	0	0	0	0
		0	0	0	0	0	0	0	0	0	0	0	0	0
		0	0	0	0	0	0	0	0	0	0	0	0	0
		0	0	0	0	0	0	0	0	0	0	0	0	0
		0	0	0	0	0	0	0	0	0	0	0	0	0
		0	0	0	0	0	0	0	0	0	0	0	0	0
	経常収入	105,578	98,129	113,875	127,670	98,379	113,775	98,379	90,032	93,462	116,223	157,411	135,569	1,348,500
変動経常支出	北陸住宅設備	45,659	42,641	51,696	59,604	43,023	50,931	43,023	38,134	38,516	53,949	76,567	63,005	606,747
	その他仕入	0	0	0	0	0	0	0	0	0	0	0	0	0
	外注リフォーム	12,410	12,410	12,410	12,410	12,410	12,410	12,410	12,410	12,410	12,410	12,410	12,410	148,920
	その他1	10,000	10,000	10,000	0	0	0	0	0	0	0	0	0	30,000
	その他2	0	0	0	0	0	0	0	0	0	0	0	0	0
	変動経常支出	68,069	65,051	74,106	72,014	55,433	63,341	55,433	50,544	50,926	66,359	88,977	75,415	785,667
固定経常支出	人件費	35,000	35,000	35,000	35,000	35,000	35,000	45,000	35,000	35,000	35,000	35,000	45,000	440,000
	広告宣伝費	6	39	29	576	140	311	251	322	279	1,321	301	125	3,699
	家賃	922	922	922	922	922	922	922	922	922	922	922	922	11,064
	事務用品費	106	244	200	41	0	3	0	0	63	0	0	0	658
	消耗品費	62	15	52	79	25	40	136	135	154	102	107	96	1,002
	水道光熱費	12	14	15	14	22	26	29	75	44	56	26	27	359
	接待交通費	91	180	185	342	252	274	236	186	303	292	214	100	2,654
	手数料	57	42	37	49	344	84	50	23	46	80	88	52	951
	会議交際費	46	21	23	21	16	47	21	24	84	11	42	105	462
	保険料	0	12	0	0	0	1	12	23	23	105	1,089	101	1,385
	通信費	114	59	127	182	132	151	135	161	240	273	140	772	2,485
	車両費	13	0	0	190	4	17	257	150	349	104	202	178	1,464
	リース料	70	81	81	83	83	83	125	123	147	146	171	146	1,339
	その他	4,000	4,282	2,384	1,396	6,509	3,107	3,821	1,776	1,635	2,709	4,932	3,114	39,666
	久保SG	0	0	0	0	0	0	0	0	0	0	0	0	0
	秋元商店	0	0	0	0	0	0	0	0	0	0	0	0	0
	大野晃店	0	0	0	0	0	0	0	0	0	0	0	0	0
	支払利息	1,200	1,200	1,200	1,200	1,200	1,200	1,200	1,200	1,200	1,200	1,200	1,200	14,400
	租税公課1	15	120	0	40	83	52	38	20	38	30	94	79	607
	租税公課2	0	0	0	0	0	0	0	0	0	0	0	0	0
	法人税	0	0	0	0	0	0	0	0	0	0	1,800	0	1,800
	消費税	0	7,500	0	0	6,250	0	0	6,250	0	0	6,250	0	26,250
	固定経常支出	41,714	49,731	40,254	40,134	50,981	41,318	52,232	46,388	40,525	42,350	50,778	53,817	550,223
	経常支出合計	109,783	114,782	114,360	112,148	106,414	104,659	107,665	96,932	91,451	108,709	139,755	129,232	1,335,890
	経常収支	-4,205	-16,653	-486	15,522	-8,035	9,116	-9,286	-6,900	2,031	7,514	17,656	6,337	12,610
経常外収入	預金振替	0	0	0	0	0	0	0	0	0	0	0	0	0
	経常外収入	0	0	0	0	0	0	0	0	0	0	0	0	0
		0	0	0	0	0	0	0	0	0	0	0	0	0
		0	0	0	0	0	0	0	0	0	0	0	0	0
	経常外収入	0	0	0	0	0	0	0	0	0	0	0	0	0
経常外支出	預金振替	0	0	0	0	0	0	0	0	0	0	0	0	0
	経常外支出	0	0	10,000	0	0	0	0	0	0	0	15,000	0	25,000
		0	0	0	0	0	0	0	0	0	0	0	0	0
		0	0	0	0	0	0	0	0	0	0	0	0	0
	経常外支出	0	0	10,000	0	0	0	0	0	0	0	15,000	0	25,000
	経常外収支	0	0	-10,000	0	0	0	0	0	0	0	-15,000	0	-25,000
財務収入	借入調達	0	0	30,000	0	0	0	0	0	30,000	0	0	0	60,000
		0	0	0	0	0	0	0	0	0	0	0	0	0
		0	0	0	0	0	0	0	0	0	0	0	0	0
		0	0	0	0	0	0	0	0	0	0	0	0	0
		0	0	0	0	0	0	0	0	0	0	0	0	0
	財務収入	0	0	30,000	0	0	0	0	0	30,000	0	0	0	60,000
	借入返済	1,833	1,833	1,833	2,333	2,333	2,333	2,333	2,333	2,333	2,833	2,833	2,833	27,996
		0	0	0	0	0	0	0	0	0	0	0	0	0
財務支出		0	0	0	0	0	0	0	0	0	0	0	0	0
		0	0	0	0	0	0	0	0	0	0	0	0	0
		0	0	0	0	0	0	0	0	0	0	0	0	0
	財務支出	1,833	1,833	1,833	2,333	2,333	2,333	2,333	2,333	2,333	2,833	2,833	2,833	27,996
	財務収支	-1,833	-1,833	28,167	-2,333	-2,333	-2,333	-2,333	27,667	-2,333	-2,833	-2,833	-2,833	32,004
	資金残	34,532	16,046	33,728	46,917	36,549	43,331	31,713	52,480	52,177	56,858	56,682	60,185	

（10）資金調達等の再検討

　最後に資金調達について検討します。まず，年間の経常収支が黒字であることを確認し，黒字でない場合は再度（3）（5）（6）に戻って計画を見直します。また，資金残に問題ないのかも確認します。このように計画を何度か見直し，最後に必要な借入額を決めていきます。

　しかし，毎年借入金が増加しているようだと，金融機関の継続支援は得られません。少しずつでも借入金を削減できるように，資金繰り計画を立てていくことが大切になります。

コラム⑦

変わる社長と変わらない社長

　業績不振の企業においては，社長の考えを抜本的に変えてもらう必要があります。しかし，実はこれが一番難しいのです。人は大病を患うと，考え方や生活習慣，行動を大きく変えることができます。しかし逆に言うと，それくらいのことがない限り人は変われないとも言えます。こう考えると，「資金繰り危機」という大病が無く，「ぎりぎりだが何とかやってこられた」という状態だと，社長自身の考えを変えることも難しいのかもしれません。

　一方で，できる社長は大病になる前に手を打っています。外部からの厳しい意見を聞く耳を持ち，自らを省みることでそれを回避しているのです。今後の見通しをしっかりと立て，今のままではダメだと反省する社長は強いのです。これは，資金繰りや財務を見て，自社を常に数字で把握している社長だけができることなのです。

第 7 章

B/S計画の策定で永続する企業に

7-1　ゴールとしてのB/S改善

　社長が過去から現在まで経営してきた"結果"は，全てB/Sに残っています。もし，決算書にお化粧があったとしても，それらの多くは不良資産としてB/Sに残っているのです。多くの決算書を見ている人にとっては当たり前のことですが，例え同じ業種であっても，B/Sの数値は1社ごとに全く異なります。B/Sには，社長の優柔不断さや問題を先送りする性格も表れるのです。いつまでもB/Sに残っている不良資産は，言わば社長の分身とも言えるでしょう。

　そしてこのB/Sが，企業経営の根本となって資金繰りを大きく左右しているのです。借入ができ資金繰りが安定していると，社長は本気でB/Sを良くしようとは思いません。また，多少でも利益が出ていると金融機関から営業が来るため，"うちは良い会社なのだ"と勘違いして安易に借入金を増やしてしまいます。B/Sが棄損していても，売上が好調であれば何とか利益も出せて賞与も支払えるため，売掛金や在庫の問題はそのまま棚上げし，借入をして無駄な固定資産を購入するなど，安易な投資等に走ってしまうのです。また，だぶついた資金があって借入金を繰り上げ返済しようとしても，支店長に「返済はやめてもらえないか」と頭を下げられると，それも断念してしまいます。さらには，内部留保よりも節税を優先し，貴重な資金を社外へ流出させてしまうのです。このようにB/Sを改善するチャンスは何度もあったにも関わらず，ついそのまま放置し，将来の資金繰りに禍根を残してしまうのです。企業を取り巻く経営環境は近年ますます厳しくなっており，他社との競争激化や原材料の高騰などによる粗利率の低下，さらには人件費アップなどによって急速な資金繰りの悪化が予想されます。ただ，こういった状

況に陥っても，金融機関の融資が続けばすぐに問題は出ないでしょう。しかし，それにも限界があるため，「まずい」と気付いた時には既に手遅れで，それからの対応は全て後手後手となり，あっという間に資金繰りが火の車になってしまうのです。そのため，社長は常日頃から，B/Sと資金繰りを見て，自社の抱えている財務上の問題点を把握し，今後どうしていくべきかを考えておく必要があります。B/Sは無駄な資産を抱えず，常にスリムにしておくことが重要です。こうすることで，問題点が数字で見え，改善の手が打ち易くなるのです。

　本書の"借りない資金繰り"は，将来の資金繰りを安心して繰り回せるようにすることが目的です。そのためには，資金繰り表を活用してB/Sを管理していくことが最も重要です。B/Sには，これまで経営してきた全てが数字で積み上がっています。例え失敗があったとしても，それを素直に認め早い段階で損失処理し，利益を出して納税を行い，内部留保に努めるといった"正しい努力"を継続していくことが大切です。つまり，「ムリな規模拡大や売上偏重の戦略を持たないこと」「収益を生まないムダな資産を借入金で持たないこと」そして「社長のもと工場と営業が一丸となって資金を優先に考え，組織と仕事のムラを無くしていくこと」などの努力が大切となります。P/Lの視点だけでは，資金繰りは絶対に良くならないのです。

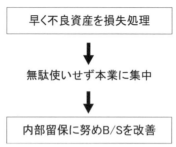

【資金繰りに苦労しない財務体質にするポイント】

早く不良資産を損失処理

⬇

無駄使いせず本業に集中

⬇

内部留保に努めB/Sを改善

　そのために，社長は"借りない資金繰り"で借入を増やさない考えを第一に持ち，先を見て資金繰りやB/S改善の手を打っていかねばなりません。こういった取組みは，企業を永続させていこうと思う社長であれば，絶対に取り組むべきことです。どの企業も，内外の環境が変わると既存事業だけでは売上と利益が落ちてしまいます。その時に備えて「新規事業を立ち上げておく」ことも重要ですが，それよりも確実にできるのが，この「B/Sを良くする」ということです。そして，これには資金繰り表を活用してB/Sを計画・管理していくことが最も効果的です。次からは，具体的に資金繰り計画からB/S計画への展開を解説していきます。

コラム⑧

コスト削減の視点

　経営再建中のあるメーカーで，2つの工場を1つに統合すべく会議を行いました。こういった場合，統合する効果を見える化する方策として"横持コスト"を試算することも有効です。これは，社員の移動を「1歩・1秒・1円」とする考え方で，いかに無駄なコストが生じているかを表すのです。当社では，年間約15百万円の"横持コスト"が発生して

いると算出されました。通常，試算額の1.2倍程度は削減可能となりますので，工場のコストはもう下がらないと考えていた幹部にとって大きな刺激となりました。ちなみにこれは，実際に社長や幹部に計算してもらう方が，インパクトが大きくなり効果的です。

7-2　資金繰り計画からP/L・B/S計画への展開

　企業の経営計画書とは本来，P/L計画，B/S計画，資金繰り計画の3つを策定し，財務全体の計画とするものです。ここでしっかりと資金繰り計画まで落とし込まないと，利益は出るが資金繰りが持たないといったことも起こり得ます。ほとんどの企業は毎月の売上に繁閑があり，また消費税納付の月は支払いの負担が重く，さらには借入金の返済もあるため，安定した資金繰りを保つのは困難です。

　多くの企業ではP/L計画はできても，なかなかB/S計画，さらには資金繰り計画まで落とし込めないのではないでしょうか。実際，金融機関でも職員が作って稟議等に使った計画書で，決算書が「税抜」であるにも関わらず「税抜」金額のまま資金繰りに落とし込んでいるものや，消費税の支払が抜けている資金繰り計画を見たことがあります。

　資金繰り計画まで連動したP/L，B/Sの計画書は，これまでと逆の手順を踏んで作成します。

【従来】

> P/L計画　➡　B/S計画　➡　資金繰り計画

【今回】

> 資金繰り計画　➡　P/L計画　➡　　B/S計画

(1) 資金繰り・P/L・B/S計画の連動性について

　まず資金繰り計画からP/L計画とB/S計画へどう展開するか，大まかな流れを簡単に解説します。

① 　取引先ごとの売上・仕入計画を元に，期首の残高も考慮して回収率・支払率を勘案し資金繰り計画へ落とし込みます。売上高と売上原価はそのままP/L計画へ連動させます。

② 　販管費は，資金繰り実績の固定支出を使い，成り行き係数を勘案し，そこから未払いが増えなければ，その数値を資金繰り計画とP/L計画に反映させます。

③ 　売掛金の回収率と買掛金の支払率から，B/S計画の売掛金と買掛金の連動算出が可能となります。

④ 　在庫計画から同様に期末棚卸高が算出されます。

⑤ 　企業維持費計画によって，固定資産・減価償却費・修繕費の額が算出されます。

⑥ 　資金繰り計画の借入金の返済計画から，借入金残高と支払利息が算出されます。

⑦ 　P/L計画から法人税額が算出されます。

⑧ 　同様に消費税額も算出され，これらを資金繰り計画に反映させます。

　この資金繰り計画の期末預金残高からB/S計画の
⑨　現預金残高が算出されます。
　最後に，P/L計画の税引き後利益から
⑩　B/S計画の利益剰余金が算出されます。
　以上のように，資金繰り計画からP/L・B/S計画へと展開され，それ
ぞれの計画作成が可能となるのです。

　資金繰り計画において，"経常収入額"は確実に達成しなければなら
なりません。ここが狂ってしまうと計画全体を見直さなければならない
など，大幅な変更が必要になります。このため，多くの社長は安易に売
上計画を決めていることを反省しなければなりません。取引先ごとに前
期実績がいくらであったのか，そして「今期はどこを伸ばし，どこを減
らすのか」をしっかり考えなければなりません。そして，それを実行す
る営業担当者のやり方について考えていくのです。ただ発破をかけるだ
けではダメで，営業が自ら行動を変えるように仕向けることが社長の仕
事です。
　繰り返しになりますが，社長1人では資金繰りは改善しません。しっ
かりと社員の協力を得られるようにしなくてはなりません。このため，
資金繰り計画は会社全体で共有するべきものと言えます。もちろん，具
体的な資金残などを末端にまで共有する必要はありませんが，部署ごと
に必要な数字を把握させておくと，皆が会社全体で取り組むものと認識
します。他人事ではなく，自分にも役割があることが分かると，責任感
も出てくるのです。組織の構成員一人一人が責任感を持って行動し，そ
れが習慣にならないと資金繰りは改善しません。これはすぐにできるこ
とでは無く，地道にねばり強く取り組んでいくことが何よりも大切なの
です。

（2）資金繰り計画から連動した数値の算出方法

　次に資金繰り計画からの数字の連動を詳しく見ていきます。具体的には，以下の手順で数値を計画していくことで，資金繰り計画からP/L計画・B/S計画が作成できるのです。

資金繰り計画から連動した数値の算出方法

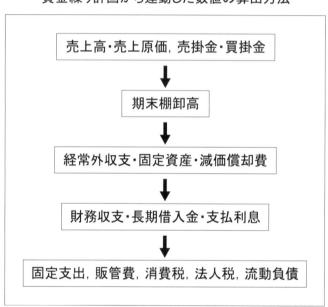

① 売上高・売上原価，売掛金・買掛金

　資金繰り計画を作成する際には，まず取引先ごとに売上計画と，仕入計画を作成します。資金繰り計画に落とし込むには，回収率と支払率を勘案して経常収入と変動支出を算出します。前期の売掛金と買掛金の残高を取引先ごとに出し，新規発生と回収計画から，当期計画の売掛金と買掛金の残高を算出します。そして，回収条件や支払条件の改善等を取

引先や仕入先ごとに織り込みます。この売上計画と仕入計画がそのまま P/L計画に反映し，また回収額と支払額からB/Sの売掛金残と買掛金残 が算出されるのです。

② 期末棚卸高

既述の通り，材料在庫を中心に，来期は月初に何日分の在庫を持つか 計画します。これは，仕入計画及び資金繰りの仕入支払にも連動しま す。来期在庫を減らすのであれば，その分の仕入支払は減らせますが， これは実態をある程度把握しておかないと誤った資金繰り計画となりま す。まずは倉庫等を見直すことから始め，在庫計画を立てていきます。 これにより，資金繰り計画の仕入支払，P/L計画の期末棚卸高，B/S計 画の棚卸資産が算出されます。

③ 経常外収支・固定資産・減価償却費（修繕費）

企業維持費の計画から設備投資額が算出され，資金繰り計画，P/L計 画，B/S計画に反映されます。来期は，現在のB/Sから見ていくらの企 業維持費が必要となるのか，そして新たに増強投資をどのくらいすべき か検討します。これにより，来期の資金繰り上の経常外収支とB/Sの固 定資産が算出されます。

そして，これをもとに減価償却費を計算します。企業維持費は，既存 の減価償却費をベースに，固定資産の新たな投資によって取得したもの を反映させます。修繕費として計画する場合はそのままP/L計画の修繕 費として計上します。これにより，資金繰り計画の経常外収支，B/S計 画の固定資産，P/L計画の減価償却費・修繕費が算出されます。

④ 財務収支・長短借入金・支払利息

　ここでは，借入金の調達と返済の計画を立てます。借入金の返済は約定しているので，金融機関ごとに毎月いくら返済するのか明確です。これを元に，前期の調達額を基準として，年間の返済見合い分程度を調達すると考えます。そこから，設備投資などにより長期で資金調達が必要な分を"加算"し，また収支改善で返済を進める分を"減算"して，来期の調達額を決めます。そして，金融機関ごとの調達予定日と額を決め，それぞれの実績の利率などを考慮して支払利息を算出します。なお，割引手形がある場合は前期の実績並みとして割引料も算出します。役員借入がある場合は，一時的な投入であれば返済をするということで計画します。これにより，資金繰り計画の財務収支，P/L計画の支払利息割引料，B/S計画の長短借入金が算出されます。

⑤ 固定支出，消費税・法人税・販管費（売上原価），流動負債

　前期の資金繰り実績の固定支出をベースに，来期の固定支出等を計画します。あくまでも成行係数で前期実績の105％を基準とし，人件費は増員や減員の計画を反映させます。また賞与額は前期額を基準として決めます。

　次に，損益計画から消費税を算出します。大まかには，非課税である人件費，公租公課，保険料，支払利息割引料などを除外して，課税収入と課税支出の差額から算出します。これを前期の消費税支払実績と比較して問題ないか確認します。そして前期の固定支出と販管費の額に整合性があることを確認します。なお，P/Lの労務費や製造経費も資金繰り上は固定支出となっているので，P/L上は販管費として計画しても問題ありません。その際，前期の数字との比較が必要となる場合は，販管費から製造原価の労務費と製造経費に振り分けて記載します。

　そして，これらの金額は基本的に当期中に支払うということで資金繰り計画に落とし込みます。なお消費税や法人税の確定分は本来翌期の支払いとして計画するものですが，ここでは当期末に支払うものとして計画に織り込みます。この方が固めの資金繰り計画になるためです。なお，ここで法人税と消費税を未払いだとしたら，その分B/S計画の未払金を増やすようにします。また，前期の消費税確定の支払予定を資金繰り計画に加算することも忘れずに行います。

　法人税についても，これまでの数値計画でP/L計画が確定しているので，税引き前当期利益から法人税額を算出することができます。この税額をP/L計画と資金繰り計画に反映させ，P/L計画の当期利益を確定し，これをB/S計画の利益剰余金と連動させます。さらには，資金繰り計画に法人税と消費税を反映させ，期末の現預金を算出し，そのままB/S計画の現預金に反映します。なお資金繰り計画で期首の固定性預金を除外している場合は，B/S計画で加算する必要があります。

（3）計画の確認ポイント

　以上により，資金繰り計画から連動したP/L計画，B/S計画が完成します。ここで，以下の3点を確認します。

計画の確認ポイント

> ①現預金残
> ②借入金残
> ③自己資本

　まず1点目の期末の現預金残ですが，前期と比較して減っているようでは問題です。そして毎月の繁閑に合わせて，資金繰りに問題ないよう

現預金を確保できているかどうかが重要となります。当然固定支出の1か月を下回るような数値となった場合には，計画の見直しが必要です。また，企業維持費や新たな投資のために必要となる額を達成できているかも確認します。そして目標資金ポジションを再度設定して，計画を見直していきます。目標資金ポジションを上回るようだったら，借入金の調達を減らすことや，場合によってはダブついた資金を返済に回すことも検討します。また，逆に目標資金ポジションを下回るようだったら，借入金で賄うのではなく，まずは資金繰り計画を再度見直し，いかに経常収支で資金を捻出するかを考えます。具体的には①売上・仕入計画の見直し，②売掛金の回収率や買掛金の支払率の見直し，③固定支出の見直しがそれぞれ必要で，また在庫計画なども自社で取り組めることなので重点的に見直します。

　2点目の借入金残ですが，最終目標として借入金は企業の「年間付加価値額」の範囲に収まるようにします。このため，最低でも年間経常収入の1％は返済に回すことを目指します。しかし，安定したキャッシュポジションを維持することが，まずは第一目標となるため，無理に返済する必要はありません。企業維持費の設備投資も返済より優先されますが，投資の時期と額を再度見直す可能性も出てきます。そして何よりも重要となるのは，本業の経常収支の改善です。そのためには，まず社長のトップセールスを実行します。実際，あと30百万円の受注が必要だという企業が，社員任せにせず社長自らが本気になって得意先を回り，受注を確保できた例もあり，最後は社長の執念が物を言うのです。なお，借入金は3年で10％減らすことが「借りない資金繰り」の基本目標になります。しかし，多くの社長は借りることが目的になって，返済計画を数字で立てられていないのではないでしょうか。実際，借入金の

返済を資金繰り計画に落とし込むと，その大変さは良く分かるはずです。借入も"慣れ"が一番怖いのです。社長はどうしても，金利が安いからと安易に借入をしたくなってしまいますが，財務体質強化のため，強い気持ちを持って借入金を減らしていかねばなりません。

　最後，3点目が決算期末の自己資本（利益剰余金）です。借りない資金繰りでは，自己資本比率は30％を最終目標とし，毎年少しずつ利益を積み上げていきます。この際，過度な節税をせず将来の投資等に備え利益を残しつつ，不要な資産は売却等によって処分します。売却損が出るからと先延ばしするのではなく，逆に損失処理によって節税ができ，利益が出ても税金を払わず資金が貯められると，前向きに考えるのです。このように，前向きに資産圧縮を図っていくことが「借りない資金繰り」では重要になります。

　以上，こういった見直しを何度か行っていき，期末の①現預金残，②借入金残，③自己資本が妥当な水準で計画出来たら完成です。そして，社長がこれを見て「絶対に達成したい」と思えることが，計画を作成する本当の意義です。非現実的な数値目標の設定には意味がありません。着実に達成していくことが，社長だけでなく従業員にとっても成功体験になるため，まずは達成できるレベルで初年度の目標を設定するのです。

　問題なく資金繰りが推移する見通しが立つと，社長のモチベーションは上がり，本気で経営に取り組むようになります。何よりも"先が見えるという安心感"は社長にとって本当にありがたく，行動にも自信が備わるのです。ある社長が言った言葉ですが，「資金繰り計画を作ると，毎年やるべきことがどんどん見えてくる」のです。そして，成果が数字

で少しずつ出てきて，資金が残ってくるようになると，経営が面白くなってさらに成果が出やすくなるのです。こういった好循環が生まれると，金融機関に頼らない「借りない資金繰り」ができるようになるのです。

7-3 【事例】自己犠牲経営からの脱却

(1) 企業の実態

　当社は産業用機械メーカーで，取引先の仕様に合わせて専用機を製造販売する業歴20年の中小企業です。外注先への依存が大きく，長年にわたり製品の核となる電気配線の設計・施工を外注に任せてきたため，外注先に「自分達が手を引けば製品が出荷できない」という弱みを握られていました。そのため，収益の源泉をすべて外注先に吸い取られる構造となり，長年業績低迷を余儀なくされていたのです。また，外注先の納期が常に遅れがちで，それが当社の納期遅れにつながり取引先の信頼を欠く原因になっていました。満足のいく良いものを作りたいという思いで，社長以下技術者は本当に一所懸命働いています。しかし経営という視点では，仕入材料の選定と価格見直し，そして納期管理を行って，取引先の信頼を獲得して利益を確保することが第一です。あらゆる点で，納期を守ることが製造業のベースとなるのです。

　また，経理もずさんな状況にありました。外注先と売掛金/買掛金の残高が合っておらず，その原因を洗い出したこともありました。さらには，外注先の請求書の内訳にある大量の「ケーブル代」が何の受注のものか不明瞭にも関わらず，何ら疑問を持たずに支払っていました。外注

先とは長年ずっと慣れ合いの関係になっており，他社に替えるのも難しい状況でした。ただ，毎月多額の請求があり，言われるままに支払っていては当社に全く資金が残らないのも事実です。また，取引先からの入金に関しても請求書通りではないことが多く，入金の消込もずれたままとなっていました。さらには，製品の出荷時に売上計上するのですが，その売上が2重で計上されていたケースもありました。

　当社は，決算になって税理士が在庫の調査を行うまで，誰もその数字を正確に把握していませんでした。社長は「今回は納期が間に合うのか」ばかりを気にして，肝心な損益を意識していなかったのです。会社が本当に儲かっているのかそうでないのか，税理士が決算を締めてみないと分からない状況では，会社に利益が残るはずありません。当社のような専用機を作っている企業は，製品及び仕掛品の在庫金額がわからないと正確な損益把握が難しいのです。また，資金繰りにおいても，材料を仕入れて製品を作り納期通りに収めても，売掛金の回収が相手先の検収後になってしまうため，資金が寝てしまうのです。このような状況では多額の運転資金が必要で，資金繰りもしっかり管理していかないと，資金ショートを起こしてしまう可能性が高くなります。

　また，社長は資金について非常に弱く，役員の資金を入れてどうにか繰り回し，社員の給与が出たら一安心ということの繰り返しでした。その結果，ついには社長の資金投入額が3千万円を超え，事業をやめるに止められない状況になってしまったのです。社長はどこまでこの負のスパイラルが続くのかと，不安な気持ちに支配されていました。そんな中でも社長は，お客さんのことを最優先に考えており，「お金は無くなってもよいが，お客さんとの信頼関係は無くせない」という思いを強く

持っていました。しかし「自分を犠牲にしてでも」という長年の姿勢が，この業務運営体制と資金繰り状況を作り出し，その結果会社に全く利益が残らなくなり，資金繰りがひっ迫してしまったのです。

また，当社では営業，工場，経理と各人の役割はできているものの，意思疎通と情報の共有が不足しており，それぞれが自分の責任をしっかりと認識できていません。本人達は十分過ぎるほどやっていると思っているのですが，全員がバラバラで連携できておらず，良さが生かされていないので，全て中途半端な状況になっているのです。自分のことだけを考えるのではなく，それぞれの役割と責任をより明確にして，会社全体として結束を強めて利益を残すことが今後の課題です。そういった良い状況が企業の体質となって，いずれ業績に反映して来るものなのです。このままでは，一生資金繰りに苦労し続けることになってしまいます。

当社ではこのような状態のまま何年も経過し，仕事のやり方も変えられず，とりあえず走れるだけ走るという方針でこれまで経営してきたのでした。

(2) 金融機関との取引について

当社は，過去に金融機関に融資を継続してもらうため，在庫勘定を使って粉飾決算を組んでいました。しかし現状，借入金の返済は大幅低減してもらい何とか資金繰りをつけている状況にあり，早い段階で決算書の膿を出していく必要がありました。落とせるものは落とし，B/Sをきれいにしてから再出発を図らなければなりません。架空のものを決算に残しておくと，改革に当たって良いことはありません。当社では金融

機関に過去の経緯を全て話し，次の期の決算では在庫などを特損で落とし，企業実態に合わせる処理を行いました。いつまでも不良資産を残してウジウジしていては社長の気持ちが前向きになりません。それは従業員にも自然と伝わってしまうのです。早い段階で処理をして，スパッと気持ちを入れ替えて前向きに進むことが，改革に当たって何より重要です。

(3) 具体的な改善策への取り組み

　業績を改善するためには，正確な実態を認識することが何よりもまず重要となります。そこで当社は，半期に一度は実地棚卸を行い，正確な損益を出すよう改めました。また，決算とともに資金繰りがポイントとなります。資金繰り実績を出し，回収と支払のギャップを認識し，どうしたら資金繰りが良くなるのかを考える必要があるのです。当社では，資金化には仕入・製造開始から回収まで平均で5か月かかっていたので，これを一部前金でもらえるようにしていきました。また，販売代理店を全て見直し，代理店の入金サイトの改善や直販を重視した販売体制に切り替えて行ったのです。さらには，資金繰り計画も作成し，決算までに後どれくらい売上（経常収入）が必要か，前金はいくらもらうかなど，数字で理解して行動したのです。あと1か月しかない状況では打てる策は少ないのですが，3ヶ月あれば打てる策は沢山あります。それが社長を本気で動かす原動力となり，確実な成果に繋がり，資金繰りも損益も改善して行ったのです。

　また，良い製品を作っているのは明らかなのですが，時間とコストを掛け過ぎていないか，顧客の要求レベル以上のものを提供していないかなども「技術重視の企業」では重要な点になります。もしそうならば，顧客に価格交渉できないかを再考するのです。お客さんの言いなりに

なっているだけでは利益は残りません。

　やはり，一番の課題は電気配線の設計・施工にかかる外注費の削減です。現状の原価率で売上を伸ばしても，ほとんど利益は残りません。それよりも，外注を徹底的に見直し原価率60％以内にもっていけば，同じ売上でも年間で3百万円の利益が出ることが分かりました。そこでひとまず受注を絞り，外注仕入の見直しと内製化に向けて全社的に取り組んだのです。ただ受注増だけを目指すのでは無く，資金繰りを考え，今の受注量で繰り回せるようにすることが大切です。当初，製造現場は反発して，忙しいので外注を利用したいと何度も言ってきましたが，そこをじっと我慢するようにさせました。徐々に慣れてくるとそういった抵抗も無くなり，自社でノウハウを蓄積していくことで，少しずつ外注利用を減らすことに成功したのです。

(4) 今後の成長に向けて

　当社は，今期は半期で5年ぶりに黒字を達成し，資金繰りも落ち着き，金融機関にはリスケジュールを継続してもらっていますが，順調に返済を増額しています。2年経ってようやく成果が出てきたのです。資金繰りを優先し，代理店施策や外注管理を徹底してきたからこそ，資金繰りが安定し利益も残せるようになったのです。以前のように破綻の可能性を会議で議論することも無くなり，社長も喜びに顔をほころばせています。このように，自助努力でも黒字転換することは可能なのです。この2年間，社長から「会社を閉めたい」という相談は何度かありました。それは，やはり資金繰りが厳しく，金融機関からリスケジュールに応じられないと言われ，業者への支払いのため最後の手金を投入した時でした。また，外注政策など，社員に対して何度繰り返し指示しても，なか

なか行動に移してもらえず精神的にも苦しかった時です。こういった多くの壁を乗り越えて，自分達で掴んだ黒字というのは本当に何物にも代えがたいものです。今では社員全員が前向きになったことで，さらなる改善が期待でき，それが社長のモチベーションアップにつながっています。支援する我々にとっても，数字で成果が出て，資金繰りが目に見えて改善してきたことを実感できるのは本当に嬉しいものです。一時期の最悪期を共有しているからこそ，一緒に味わえるものなのだと感じます。

　中小企業では多くの問題を抱えており，そのほとんどは内部要因です。1つ1つ潰していく地道な作業をしないと，あっという間に資金繰りが悪化して手が付けられなくなってしまいます。社長は資金繰りで計画を立て，実績を見て改善点を探し，今後の予定を考えるという努力をコツコツと継続することが重要です。これを自分達だけでするのは難しいため，金融機関などに協力してもらうと成果につながることは間違いありません。企業体質を変え，良い習慣を社内に根付かせることができれば，資金繰りは必ず良くなっていくのです。

コラム⑨

食欲に比例するもの

　企業は固定費削減などによる縮小均衡は大切ですが，それよりも「次の成長の絵を描けるかどうか」が重要です。多くの社長はパワーがあり，一度縮んでもまた元のように大きく伸ばすことは可能です。社長は迷っていると力が半減してしまうため，例えば金融機関など外部の人間が迷いを無くす手伝いをすると120%の力を出すことができるのです。

　なお，社長のパワーを判断する目安があります。それは「食欲」です。年齢に関わらず食欲旺盛であれば，まだまだ改善の余地は十分にあると考えて間違いありません。

第8章

8

第第 章

資金繰り計画の運用ノウハウ

8-1　計画の運用に当たって

　資金繰り計画を立て来期の資金ポジションの着地目標を決め，これを確実に実行していくためには，実績をしっかり把握し軌道修正をスピーディーに行っていくことが重要になります。このためには，実績が出たら資金繰り計画を上書きし，期末までの資金ポジションがどう推移していくか確認します。追加で借入が必要になる場合もありますが，ここで借りてしまうのは甘えでしかありません。何とか自助努力で「借りない資金繰り」をするのです。具体的には，トップセールスによる営業戦略の見直しや仕入外注先との価格交渉なども，短期的な成果を出す取り組みとしては有効です。しかしこれだけではなく，営業の仕組みづくりや人材の育成など，中長期の視点で取り組むことも重要です。中長期の視点が無いと，短期的に資金繰りを均衡させることはできても，再び苦しむことになってしまいます。両方のバランスを考えながら実行することが大切です。

　多くの社長は資金繰り実績を見る習慣がありません。短期的に予定で支払が間に合うかどうかを確認するだけに留まっているのではないでしょうか。しかし経営改善のためには，もう一歩進んで実績を見る必要があります。具体的には，「予定通りの回収だったかどうか」「突発的な支払が無かったかどうか」などをしっかりと確認するのです。多くの企業では“喉元過ぎれば熱さを忘れて”しまうものです。資金繰りを何とか間に合わせることだけに終始し，実績を数値で見て計画との差異を把握し“次に生かす”という取り組みが無いのです。そうでないと，資金繰りが良くなっていくことはあり得ません。結果として表れる「資金不

足」は企業の根本的な問題を提示してくれているのです。

　経理も短期的な資金繰りの「予定」は何となく作るのですが，「実績」を作って社長に報告している企業は多くありません。まずは，こういった取り組みから始める必要があります。社長自らが実績を見て対策を考え，社員に落とし込んで初めて，資金繰りは改善するのです。社員はどうしても現場の考えを優先してしまいます。そこで社長や経理が営業や工場の現場に対して，横断的に資金優先の考えを浸透させていくことが，計画の運用に必要となるのです。

8-2　社長の意識と責任体制

　社長は資金繰り計画を見て，その達成をイメージできるところまでしっかり理解することが大切です。資金繰りと連動したP/LとB/Sが頭に入っていると，その実行力は確かなものとなります。多くの社長は，数字の意識がないまま試行錯誤を繰り返し，変わることができないと嘆いています。企業を経営していると日々様々な問題が発生し，その解決に多くの時間を費やされてしまいます。その積み重ねで，"このくらいでいいだろう"という妥協する弱い気持ちが生まれ，何となく「成り行き」の経営になって，「今年も昨年とあまり変わらない数字になってしまった」となるのです。月次でしっかりと資金繰りを管理し，立てた計画を絶対に達成するという強い思いを持ち，「何を，どこまで，どう変えるか」と本気で考え取り組むことが重要です。目先のやるべきことに追われて，計画の柱を見失わないようにすることが大切です。

　多くの中小企業では社長を支えるNO.2が育っておらず，社長が中心となって改善をしなければならないでしょう。そのため，「自分はNo.2

に恵まれなかった」と言い訳をするのではなく，社長自らが面倒がらずに本気で取り組むことが重要です。

　ただの売上計画なら達成できなくても経営には何も支障は無いのですが，資金繰り計画にまで落とした以上，それが達成できないと「新たに借入しなければならない」という，企業として大きな意思決定の変更が必要になります。さらには，資金不足から投資計画を見直さざるを得ないなど，今後の成長にも支障が出てきてしまいます。そのため資金繰り計画は，「単なる願望」ではなく「必ず達成しなくてはならない」と社長自身が思えなくてはなりません。

　この資金繰り計画は，部署ごとの責任体制を明確にすることが大切です。"営業部門"は売上と回収の責任を持ち，"生産部門"は原材料の仕入と在庫の管理，そして品質の良い製品を納期通りに収めるという責任を負うのです。さらには，これを担当者ごとに落とし込んでいかないと，社員は本気になって取り組みません。もちろん，できない言い訳は幾らでもあるのですが，それをやり切れるムードを作るのは社長の仕事です。営業が苦しんでいるところをトップセールスで受注を取ってくること，仕入先へ価格交渉することや材料のロスを無くすため，倉庫を率先して整理整頓し，不要なものを処分することなどです。このように，トップの高い意識のもと全社員の協力があってこそ，資金繰り計画は達成できるものなのです。

　資金繰り計画の実際の運用においては，まず売掛金の回収状況を確認します。取引先ごとに資金繰り計画で立てた回収計画が，予定と比較してどうなったのかを見ます。予定していた入金はされたのか，そうで無い場合は何が原因だったのかなどを明確にします。資金繰りにおいて収

6月度差異分析

単位：円

		単月		
		2016年6月		
		計画	実績	差異
経常収入	手形回収	2,615,913	1,576,855	−1,039,058
	売掛金回収1	40,857,096	39,277,500	−1,579,596
	売掛金回収2	192,553	62,424	−130,129
	売掛金回収3	140,049	81,000	−59,049
	売掛金回収4	19,958,400	15,860,516	−4,097,884
	売掛金回収5	0	2,214,000	2,214,000
	その他1	0	5,580	5,580
	その他2	0	110,812	110,812
	経常収入	63,764,011	59,188,687	−4,575,324
変動経常支出	仕入支払1	12,796,809	15,481,473	2,684,664
	仕入支払2	26,783,748	24,434,764	−2,348,984
	消耗品	0	0	0
	仕入諸掛	163,268	0	−163,268
	前金	0	0	0
	倉庫・運送費	742,509	2,101,957	1,359,448
	為替差損	0	0	0
	その他変動支出1	476,813	1,321,168	844,355
	その他変動支出2	0	0	0
	その他変動支出3	1,563,829	0	−1,563,829
	変動経常支出	42,526,976	43,339,362	812,386
固定経常支出	人件費	6,974,487	8,667,827	1,693,340
	家賃	1,495,764	1,294,050	−201,714
	旅費交通費	2,457,412	2,843,214	385,802
	会議交際費	57,227	48,600	−8,627
	管理諸費	664,816	1,199,147	534,331
	通信費	288,837	197,433	−91,404
	水道光熱費	0	0	0
	消耗品費	165,351	44,496	−120,855
	リース料	427,315	346,537	−80,778
	保険料	0	51,300	51,300
	支払手数料	66,042	196,452	130,410
	小口経費清算	516,955	2,997,630	2,480,675
	その他1	1,155	52,111	50,956
	支払利息割引料	121,428	21,132	−100,296
	租税公課1	4,693,014	1,668,157	−3,024,857
	租税公課2	5,464,490	673,500	−4,790,990
	固定経常支出	23,394,293	20,301,586	−3,092,707
	経常支出合計	65,921,269	63,640,011	−2,281,258
	経常収支	−2,157,258	−4,452,261	−2,295,003
	経常外収入	0	56,142,024	56,142,024
	経常外支出	3,000,000	56,142,024	53,142,024
	経常外収支	−3,000,000	0	3,000,000
	財務収入	30,000,000	30,000,000	0
	財務支出	1,772,000	260,000	−1,512,000
	財務収支	28,228,000	29,638,816	1,410,816
	資金残	130,438,336	108,102,594	−22,335,742

入は予定通りに行かないのが常です。それに対し，固定費の支払などはほぼ一定のため，これまで通りの活動をしている限り，支払が自然と減るということは絶対にありません。そのため，固定支出については，計画と比較し削減状況をしっかり確認していく必要があります。このように計画との差異を見ることで，何が問題なのか浮かび上がってくるのです。

8-3　資金繰り予想への展開

　資金繰り計画は，実績が出たら上書きし，このままだと決算期末の資金ポジションがどうなるかを把握しておくことが大切です。またそれによって，「いつ幾らくらいの資金調達が追加で必要になるか」ということも分かります。取引先の状況や競合環境は常に変化するため，計画の数値も予想を加えて見ていく必要があるのです。収入が計画よりも下振れ傾向にある場合，以降の計画の収入に90％の掛け目を入れるなどして，再度シミュレーションし予想します。これにより，資金繰りを固めに予想することが可能となります。目標とする「経常収支」と「資金ポジション」は変えずに，常に最新の状況を踏まえて資金繰りを予想しながら，取り組み内容を追加修正していくことが，計画の達成には重要となるのです。

　なお，資金繰りの実績は月末当日に作成できます。この最新の状況を計画に反映させることで，スピーディーな経営判断が可能となるのです。決算期末の資金ポジションが計画を下回ると予想された場合，①金融機関から借入してしのぐ，②痛みを伴うが固定費を削減する，③社長

のトップセールスで何としても今期あと30百万円の売上を作る，など
優先順位を決めて背水の陣で取り組む必要があります。多くの社長は，
"安易に"とりあえず①借入金の調達に走ってしまうのですが，この甘
い体質，先送り体質のままでは企業は絶対に良くなりません。これでは
今まで通りの「借りる資金繰り」です。「借りない資金繰り」のために
は，②と③に優先的に取り組む必要があるのです。こうした社長の
ちょっとした意識の差が，借入金という形で過去から自社に積み上がっ
ていることを改めて認識し，何としても変えなくてはなりません。

　この資金繰り計画をベースにした予想で見て，3か月後に資金が
ショートする状況が分かれば，回避するための知恵がたくさん出てくる
はずです。ギリギリになって今月末の資金が足りないと気付いても，も
う借入金しか頼るものが無くなってしまい，最終的に「借りる資金繰
り」になってしまいます。時間的な余裕があるということは，経営にお
いてメリットは非常に大きいため，企業は必ずこの資金繰り予想をつく
る必要があるのです。

8-4　リスケジュール企業の計画運用

　リスケジュール企業は収入等の計画が下振れした場合，自己資金の範
囲で何とか資金繰りの帳尻を合わせなくてはなりません。しかし，ギリ
ギリになると「できること」は限られており，例えば消費税の支払いを
待ってもらうなど「後ろ向き」の取り組みしか行えなくなります。こう
なると悪循環に陥ってしまい，利益度外視の資金繰り受注に走ることに
なってしまいます。その傾向が出てきたら，素早く先を読んで手を打つ

しか方法はありません。現状を放置していたら，資金が枯渇して最も恐れる支払不能に陥ってしまうからです。すぐにできる具体的な手立てとしては，固めの収入に合わせて「固定費の支払を減らす」ことが最も有効です。今後半年間を見通して，この収入の範囲でやっていかねばならないと分かったら，それに合わせて営業の人員体制などを早急に見直すようにするのです。これは本当に時間との勝負になるので，一刻の猶予もありません。売上アップなどは絶対に期待してはならず，早急に決断しなければなりません。その決断が1か月遅れた分だけ資金は無くなり，資金繰りは一層厳しくなるのです。悠長な甘い考えでいると資金はあっという間に底をついてしまいます。

　実際，資金繰り予想を見て立て直しに成功した企業があります。受注見通しを固めに考え，早急に"新規開拓部門"を廃止して社員を大幅に解雇し，既存ユーザーの営業に特化するようにしたのです。また，資金がタイトな状況だったため，下請けへの支払いを優先的にし，受注していた案件をしっかり納品できるようにしました。それ以外の取引先へは誠意をもって話をしに行き，分割での支払いに応じてもらうことで資金繰りを立て直していきました。「新規開拓部門のリストラの決断があと1か月遅れていたら，恐らく企業はもう無かった」と社長は言います。リスケジュールしていたため資金もギリギリで回さざるを得ず，新規開拓部門の固定費削減が資金繰りに与えるインパクトが大きかったのです。

　以上のことから，実際の固定支出の削減は明確な金額として資金繰りに織り込まなければならないことが分かります。固めの予想収入に基づいた固定支出に収まらなければ，資金がショートしてしまうからです。こういった場合，社長はこれまでの戦略を方向転換して，背水の陣で削減に取り組まなければなりません。社長が本気になれば，「何が何でも

やる」という気迫が社内に伝わり，社員の行動も必ず変わるはずです。もし「社員が危機感が無く変わらない」と嘆くならば，社長自身が「何が何でも」と本気になっていないと，逆に気付くべきなのです。

コラム⑩

やめる勇気

　企業経営における1か月間の成績表が試算表です。多くの企業は，社員が一所懸命働いてもそれが数字に表れず，社長はもどかしさを感じています。それは，赤字の要因特定ができておらず，どう改善するか明確になっていないからです。頑張っても改善しない以上，今までのやり方を根本的に変える「何か」が無いと，業績は上向きになりません。それには「撤退」がキーワードで，その決断には数字的根拠が必要になります。それをしっかりと見つけ，社長自ら手を動かし数字を計算することが重要になるのです。

第**9**章

借りない資金繰りは
3年で結果を出す

9-1　運用3年の達成目安

　一般的に金融機関は，債務超過の企業に対して5年以内に解消する計画を求めますが，中には現実的でないケースもあります。そこまでの収益の改善はどう考えても不可能な場合，計画がただの数字遊びになっては意味がありません。そういった状況を踏まえ，近頃金融機関も画一的に求めることは少なくなって来てはいますが，社長はしっかりと「数値目標」を持つことが重要です。

　では，「借りない資金繰り」においては，どのような目標を設定するのが妥当なのでしょうか。それには，まずは3年という期限を決め，1年ごとに数値計画を立てることから始めていきます。ここでは資金繰り表を使い，あくまでも企業が「自らできること」を中心に資金繰り計画に落とし込んでいくのです。このため，基本的な事柄が中心となり，実現可能な範囲内での取組みがベースとなるため，少しずつ確実に進めていくことができるはずです。

　具体的には，経営危機に陥っている企業では，まず1年目に経常収支が税金等を払ってトントンになるようにし，さらに借入金を返済せず（リスケジュールまたは返済分の折り返し融資），預金残を最低固定費1か月分持つことを目標とします。キャッシュアウトが続けば当然資金は枯渇し，支払不能に陥ります。P/Lの赤字であれば倒産はしませんが，資金がショートしたら企業は存続できません。こういった状況では，売上（収入）を固めに見積もり，その範囲でまかなえるよう経費の支払を抑えるようにします。毎月収入の凸凹がある中，借入せずに自己資金だけで繰り回すのは大変です。リスケジュール企業は，追加で融資を受け

られないため，月によっては一部支払を繰延するなどして何とか必死で資金繰りを組んでいます。通常の返済をしている企業でも，特に売上が落ち込む月は資金繰りがタイトになってしまい，金融機関に融資をお願いしたくなるものですが，何とか我慢して繰り回すようにするのです。このように，まずは「借入金を前年より増やさないこと」が借りない資金繰りの1年目の目標となります。

　次に2年目で目指すのは，年間収入額の1～2％の資金を残すことです。そして，少しでも良いので設備の更新に資金を振り分けます。年間の売上（収入）が3億円であれば，3百万円の経常収支を残し，それを設備投資に充てるのです。なお，手元の資金が固定費1か月分を下回るようなら，まずはこの手持ち資金を厚くすることで安全性を高めます。また，設備投資後の資金で，少ないながらも借入金の返済にも着手します。なお，リスケジュール企業は金融機関との交渉もあるので，こちらの都合通りにはいかないこともありますが，返済ばかりを急いではいけません。足元を固めるという意味で，まず「手持ち資金」と「設備の更新」を優先して考えることが大切です。

　そして，3年目には，経常収支を前年よりさらに1％増加させるよう計画を立てます。目標としては3年目に経常収支で収入の3％残すことを目標にします。これにより資金残も固定費の2～3か月分を蓄えることができ，設備の更新や借入金の返済も可能になるのです。そして，売上規模も影響するため一概には言えませんが，3年目の目標として，借入金を当初の金額から"10％削減"することが「借りない資金繰り」における目標となります。

9-2　資金繰り改善5つの視点

　次に，資金繰りをどのように改善していくのか，5つの視点で考えて
いきます。もちろん，収入を増やすことができれば最も楽ですが，資金
繰り分岐点のところで既述した通り，収入のアップは最後に検討するこ
とになります。家計と一緒で，まずは支出を抑えやりくりし，今の収入
で資金が残るように変えていくのです。つまり発想の根本を変え，「売
上の改善」では無く「資金繰りの改善」をする必要があるのです。

　まずは，固めに立てた売上（収入）から生み出される付加価値の範囲
で経費を抑えるようにすることが重要です。それには，現状の毎月の固
定費（消費税含む）と借入金の返済がいくらなのかしっかりと把握し，
シミュレーションして先を見るのです。まずは，変動費は実績並みの比
率とし，固定費がその範囲に収まるように資金繰りを組んでいきます。
そして，変動費についても商品構成を変えるなどして，全体として改善
できないか検討するのです。

　資金繰りの数字は，企業活動の偽りない「事実」であり，企業の問題
点が如実に表れています。そこから，問題点をブレークダウンして行か
なければ，いつまで経っても資金繰りは苦しいままです。資金繰りの改
善は，次ページの通り，中長期的な視点も併せ持って取り組む必要があ
るのです。

> （1）トップの意識改革と社員の巻き込み
> （2）機会損失を減らす
> （3）回収率と支払率の改善
> （4）固定支出の変動支出化
> （5）仕入資材の管理強化

　社長はどうしても，自分のやりたいことや得意なことを頑張る人が多いものです。売上だけを追いかけてしまい，その前にやるべきことを面倒だといって社員任せにしていることもあります。そのため，資金繰り改善の優先順位が逆転してしまい，なかなか成果が出ずに苦労しているのです。つまり，社長が一番好きで得意なことにだけ時間を掛け，業績が改善しないと嘆いているのです。

　社長は，金融機関から「これをやれ」と言われても，頭では重要だと分かっていても恐らくやらないでしょう。社長としては，自分で色々と一所懸命やっているのだから，「うるさく言わず黙っていてくれ」というのが本音ではないでしょうか。社長自身が「このようにしよう」と本気で思わない限り，企業は絶対に変わることはないのです。

（1）トップの意識改革と社員の巻き込み

　長年の習慣で社内にでき上がってしまった「悪しき習慣と仕組み」を変えることが重要ですが，そのためにはまず，社長自身がそれに気づく必要があります。これは，社内では当たり前になってしまっているので，外部からアドバイスをもらうことも有効です。例えば，異業種であっても他の企業を見ることで，自社に足りない点に気づくことができます。

　そして，社長は社員を一緒に巻き込んでいくことが重要です。社長一

人では資金繰りの改善はできません。営業だけ頑張って売上を伸ばしてもだめで，製造なども含め社員全員の協力が必要となります。営業が回収までしっかり責任を持ち，発注や製造部門も資金に対する意識を深め，さらに管理部門も業者との交渉で固定支出を見直していくなど，全員が"当たり前"を変えていくことが必要となります。資金を最優先に考える組織と文化を作っていくために，率先して社長が考えなければなりません。

(2) 機会損失を減らす

　中小企業では，必ず機会損失が発生しています。お客さんが「欲しい時に欲しいものが無い」という状況が，社長の意図とは逆に起こっているのです。この理由としては，情報の共有化ができていないことがまず挙げられます。社員の，「自分が知っていれば良い」という安易な考えや，「わざわざ言うのが面倒」といったことが要因と考えられます。30人以下の中小企業であっても，この状況は本当に多く発生しており，こういった文化を許容してきた社長自身に責任があります。これを無くすためには，社内に情報共有の仕組みを作る必要があります。

　機会損失を数字で見えるようにしていくことは難しいですが，ある程度の当たりをつけることは可能です。そういった仕組みを作った企業は，徐々に見えないものが見えるようになり，業績も改善傾向にあります。

　ここで，機会損失に関する具体的な事例を3つ見ていきます。

① 　あるパンの製造小売業者では，ソーセージフランクを使った商品が売れていました。しかし，ある店舗の店長は材料が仕入業者の最寄りの倉庫に無かったため，仕入を諦めていました（実際は別の倉庫に在

庫があり，他の店長はそこから仕入れていました）。その後も発注を忘れ，約2週間欠品させてしまったのです。会社としては，高単価で利益率の高い商品の販売をロスしたことになります。店長はこの売上を埋めるだけの類似商品も出せておらず，結果，売上と粗利の減少を招いてしまったのです。

② 　ある機械商社では，納品した機械のメンテナンスをするため，保守の担当者が企業を訪問していました。しかし，メンテナンスには歩合給が適用されないという理由もあり，次の販売に有効な情報を共有できていませんでした。保守部門はモチベーションが低く，自分達の仕事が増えることを嫌っていたのです。実際のところ，保守部門は次につながる情報が多く，競合の動きなどを掴むことができる貴重な機会です。そこでこの企業では，情報提供を評価し，歩合給になる仕組みを入れ機会損失を減らすことに成功しました。

③ 　ある機械メーカーでは，外注先の納期遅れが常態化していて，営業が決めた納期を守れずにいました。これにより1か月に2台の製造が限界となってしまい，生産性が落ち込み売上が伸ばせずにいたのです。これを打破するべく，1年かけて少しずつ社員の能力アップを図り，今まで技術的にできなかったことをほぼ社内で対応できるように変えていきました。そして今では，外注先に納期を左右されることは無くなり，1か月に2.5〜3台の製品を出荷できるようになったのです。技術的な習得には時間はかかりましたが，まず"本来取れるべき売上を取る"という当たり前のことに取り組み，売上を伸ばしたのです。

このように，多くの機会損失が常に発生しています。社長は，本来取れるはずの売上を逃さないよう改善しなければなりません。機会損失を減らしていく意識を強くもっている企業は，必ず少しずつ良くなっていきます。社長は常に対策を考え，地道な取組みを社員と一緒になってやっていくことで，機会損失を防ぐことができるのです。

(3) 回収率と支払率の改善

① 売掛金の回収率とは

　企業は，毎月必ず売掛金の回収率を出すことが大切です。売掛金の前月末残高に対して，当月の回収額がいくらなのかを比率で算出したものが回収率となります。実際，末締めの翌月末現金全額回収であれば回収率は100％となります。また，25日締めの翌月末回収だと85.7％，20日締めの翌月末回収だと75.0％，15日締めの翌月末回収だと66.7％，10日締めの翌月末回収だと60.0％となります。得意先ごとの売掛金の割合を見て，理論上の回収率と実際の回収率とを比較することが重要になります。具体的には，売掛金の構成が10日締めが20％，20日締めが30％，末日締めが50％だった場合，理論上の回収率は84.5％となります。そして，この回収率を「30日÷回収率」で日数に換算していくのです。例えば30日÷84.5％では35.5日となります。売掛金の回収は，率で見るよりも日数で把握すると分かりやすいでしょう。

② 買掛金の支払い率とは

　同様に，買掛金の前月末残に対して，当月の実際の支払い額がいくらかを算出したものが支払率となります。これも売掛金同様に日数で計算して把握します。例えば末締めの翌月末現金全額支払の場合，30日÷100％で30日となります。

　そして，売掛金の回収日数から買掛金の支払日数を差し引き出た数値が，サイト負けしている日数になります。この企業では回収日数40日−支払日数30日で5.5日のサイト負けをしている状況です。

　資金繰りは，回収したお金で支払いをするのが大原則です。しかし多くの中小企業では，支払いが先行し回収が後になっているのです。こういった状況を改善するよう，新しい取引先などは回収・支払条件を今まで通りとするのでは無く，自社の資金繰りにとって有利になるよう少しずつ改善していくことが大切です。

　さらには，こういった状況を改善するため「前金を頂く」ことを検討します。相手との交渉で言いづらいこともありますが，これも会社のルールとして定めれば，社員も抵抗なくやることができるはずです。ある機械の商社では，海外からの輸入の案件だけ前金を頂いていましたが，全件前金を頂くことを会社のルールとして定めて，取引先に交渉しました。中には無理な先もありましたが，一部値引きなどによって応じてもらえるようになりました。今までは，大型案件などで資金繰りが厳しくなる月もあったのですが，今では安定した資金繰りを組めるようになりました。ちょっとした意識の差が，資金繰りに大きな影響を与えていることを，社長はもっと知る必要があるのです。

(4) 固定支出の変動支出化

　毎月の収入の繁閑に合わせた支出にしていくことが，資金繰り改善の鉄則です。このため，まず毎月固定で支払っているものを見直すことが重要となります。しかし，現実問題，削減はなかなか難しいことも多いので，まずは「変動化」できそうな箇所を探していきます。例えば，一番大きい固定費である人件費については，一部パート化できないかなど

を検討するのです。また，社内外注で出来高制という形態もありえます。その他，工場では「3人でやっていた仕事を2人でやるにはどうするか」という視点で業務を見直していくことが必要です。実際ある食品工場では，一部応援体制を組むことで，3人でやっていた業務をほぼ2人で回せるようになりました。中小企業ではこれまでの思い込みで仕事をしているケースが多いので，改善の余地は十分にあると言えます。これからの時代，業種を問わず人を最小限で回せるビジネスモデルを考えていかないと成り立たなくなります。

　成り行きで経営すると，固定費は予定した額を上回ってしまうのが一般的です。このため，常に固定費が付加価値額の範囲に収まっているかどうかを確認する必要があるのです。またその際，お客様から価値に見合う最大の価額を頂いているかも考えることが重要です。このため，製品によっては値上げも検討し，価額をもらえないものは撤退するなど，取引先ごとに製品構成を常に見直していくことが大切です。

（5）資材の管理強化

　多くの中小企業では材料資材の管理つまり在庫の管理は，利益を生み出すレベルまで出来ておらず，なかば放置されています。資材をストックしてあるにも関わらず，さらに発注を行って倉庫をいつの間にか一杯にしてしまい，消費期限や流行などの関係から廃棄せざるを得なくなっているのが実態です。これらの繰り返しが1年間続くと，P/Lでは粗利率の低下，B/Sも在庫が膨れ資金が寝てしまい，資金繰りに悪影響を及ぼします。担当者は悪気があってやっている訳では無いのですが，欠品を恐れるあまり多めに発注するのが習慣となってしまい，在庫過多でロスが発生しているのです。

　これを改善するためには，直近1年間の仕入額と支払額を取引先ごと

に出して，棚卸金額や売上高と比較検討することから始めます。「売上と比較し，仕入支払いだけ増えていないか」「原材料のストックが本当にこの水準まで必要なのか」などを検討していくことが大切です。また，一定の割合で企業には製造ロスといった無駄が生じています。それを社員は隠して見えなくさせているのです。これを防ぐことができれば，原価の1〜2％は改善できます。社長はまずここを見えるよう，改善に着手していくことが大切です。

　また，仕入の担当者が責任を問われないことが企業経営における大きな問題です。アパレル業者では，仕入をしても売れ残り，在庫になったものは廃棄することの繰り返しです。これが当たり前という意識で，責任を問われることは余りありません。これでは，絶対に資金繰りは良くなりません。甘えのない責任体制を構築していくことが重要で，社長は「担当者任せでは絶対に良くなることは無い」と改めて認識する必要があります。当たり前ですが，社員も社長からしっかり見られてこそ緊張感を持って業務に当たることができるのです。

　多くの社長はそこまで検証する習慣がなく，決算まで行って初めて粗利が悪いと気付くのです。社長自身に仕入の発注と在庫を見直す姿勢がなければ，絶対に変わりません。多くの中小企業では帳簿の数字が実際の数字と合っていないため，まずはここを合致させ，無駄な仕入を減らすよう取り組むことが，資金繰り改善の第一歩となります。

　以上，資金繰りは支出の削減など管理だけで「均衡」させることはできますが，本当の意味での「改善」はできません。単なる一時しのぎでは無く，企業として成長が図れないと意味がないのです。何とか資金繰りを持たせるだけの努力や，借入して企業を存続させるだけでは，社員も成長できず本当に不幸だと思います。厳しい言い方ですが，社長がそ

ういった未来を描けないのであれば，退任するしか道はありません。

　やはり企業はお客様に対して付加価値の高いものをどれだけ新たに投入して行けるかがポイントとなります。お客様の満足を得続けられる商品やサービスがあるからこそ，企業は成り立っているのです。企業は常に，お客様から何を評価してもらっているのかを考えることが大切です。

　資金繰り計画を立て，実績を上書きして将来の資金ポジションを見ていくことは「借りない資金繰り」の基本になります。これを継続すると，企業の根本的な課題が浮かび上がってきます。そして，資金繰り改善のため，自社を徹底して見直すという「宝探し」を行っていくと，新たな収益源が見えてくるのです。例えば，とある企業は毎月の収入にバラツキがあり，安定化のための新たな事業を作る必要があったのですが，そのためのヒントが，実はある部署に存在していました。その企業にとっては当たり前すぎて，長年気付かなかったのです。視点を少し変えれば，収益にできるものは企業にはまだ眠っているはずです。少しずつ今のビジネスモデルを変えていく構想を持ち，客観的な視点を持って考え続けることが大切になります。

コラム⑪

格付けダウンの回復

　ある企業では経営改革を実行し，着実に黒字化を進めてきました。今期決算で，これまでの5期連続赤字から一転し，黒字転換が見え始めたのです。そこでこの企業ではもう一歩進めて，リスケジュールを解消し格付を回復させることにしました。金融機関はこの段階になって初めて，その企業がようやく水面下を少し出たと認識します。

　もし，金融機関が格付けをアップさせ，前向きの融資を実行すれば，社長のモチベーションは間違いなくアップします。それは，そのまま会社全体に広がり，再生が加速することになるのです。リスケジュール企業にとって「前向きの融資」というものは，それくらい重要なものなのです。

9-3　【事例】思い切った決断が窮地を救った

（1）金融機関との関係

　株式会社プラスパンの滝沢光男社長は，「金融機関は今を見てくれない」と語ります。当社はパンの製造小売業者で，現在3店舗を経営する業歴16年の中小企業です。決算が赤字だった過去3期は本当に苦しみました。金融機関が赤字補填の融資をストップしたことで，資金繰りは給与の遅配が目前に迫るほどまでに悪化したのです。その時，「必ず良い会社にします，だから何とかお願いします」と話しをしても，金融機関は全く相手にしてくれませんでした。社長も本音では，金融機関に頼らず自力で仕事をしていきたいのです。立場の弱い中小企業が金融機関に行き頭を下げるのは，経営者としての覚悟が無いと絶対にできないことです。

（2）業績の悪化

　当時社長は，仕事を終え車で帰宅する途中「このまま車でぶつかって死んでしまえたらいい」と思ったのだそうです。多店舗展開を目指して工場を作ったものの，効率が上がらず逆にパンの質が低下，それによりお客様が離れて売上が低迷し，金融機関から融資をストップされたのです。店舗で焼くよりも効率的だと判断し製造機能を工場に集約したものの，売上が下がったことでかえって非効率になってしまったのです。まさに八方塞がりで，どうしようもできない状況でした。社長はいつも落ち着かない様子で，イライラが募り奥さんや店長に当たってしまうこともあったのでした。

　また社員の退職により人手が足りなくなり，毎日早朝2時から深夜まで工場で働き，体重が12キロも落ちてしまいました。お店や工場では毎日大量の問題が発生していて，これを店長に改善指示しながら，自分もまた工場の現場に立つという過酷な毎日だったのです。さらに信頼していた幹部も辞め，お店を回すのも一苦労という状況になり，気持ちもどん底になりました。しかし，こんなにクタクタになるまで働いても，夜に当日の売上を見たら不安になって眠れない日々が続きました。疲労が貯まり，気力も体力も限界に近付いていました。

　中小企業の社長は，全てをかけて経営しています。ここまでの覚悟を持って経営をし，困難を乗り越えなければいけないのです。何となく経営しているのではなく，ここまでやっても利益が出ず，成果が出ないと苦しんでいるのです。

　この時，借入金の返済期間を10年以内にする5ヶ年の改善計画書を国の補助金を活用し策定しました。金融機関は，これをベースに再建資

金として融資を一度は実行したものの，その後は「計画書の通り5年間
利益を出してもらえれば良いので，今後は融資など一切検討しない」と
いうスタンスを取りました。また夏場の売上減に対する運転資金を申し
込んだ時には，毎月業績報告をしていたにも関わらず，一切聞く耳を持
ちませんでした。計画を出したらその通りにいかないことも多いのです
が，こちらの事情を汲み取ろうという意思は一切感じられなかったので
す。そもそも，5年で借入金を半分にする計画を作るよう指示し「その
計画通りにやれ，あとは知らない」と言い放つことは，はたして支援と
言えるのでしょうか。もちろんそれに向けて努力はしますが，予想外の
出来事も多く発生し，その中で企業を存続させていくのは本当に大変な
ことなのです。

単位：円

	11期	構成比	12期	構成比
売上高	336,213,720	100.0%	265,608,335	100.0%
売上原価	108,442,241	32.3%	87,713,571	33.0%
売上総利益	227,771,479	67.7%	177,894,764	67.0%
販管費	243,523,348	72.4%	201,270,627	75.8%
営業利益	−15,751,869	4.7%	−23,375,863	8.8%

(3) 改革への着手

　滝沢社長は，改革に着手する際社員一人ひとりに，「当社は余命3か月だが，絶対に良い企業にして生き延びる努力をするから協力して欲しい」ということを直接伝えました。その真摯な思いによって社員の協力が得られ，24名いた社員のうち5名は退職となったものの，残る19名の店長等社員（パートアルバイトが80名）で改革を進めて行くことになったのです。

　まず，NO.2が退職したため，これまでNO.2経由で現場へ指示していたものを，全て社長直轄に変更しました。中小企業では階層があることでのデメリットが生じやすく，例えば社長の意図がオブラートに包まれたり，下位層の人間の意図などが加わり，しっかり伝わっていないことが多いのです。やはり中小企業では，社長が現場を掌握することが必要不可欠です。滝沢社長は社員と一緒に汗をかくことが大切だと知っており，現場と常にコミュニケーションを取って「良いパンを作ろう」「お客様に価値を認めてもらえる商品をつくり，その価値に見合った最大の価格をいただこう」と社員の意識を1つにまとめていったのです。

　やはり当社は「焼き立てのパン」が一番のウリです。そのため，セントラルキッチンとしての工場を閉鎖し，お店で常にお客様を見ながら，でき立ての良いパンを販売するという仕組みに戻したのです。つまり，原点回帰です。店舗の現場は大変ですが，焼き立て回数を増やし，お客様に喜んでもらうことを第一に考えたのです。そのおかげで，徐々に評判が良くなってお客様が戻って来たのです。また，改革に着手してから1年ほどで，社長の考えを社員がしっかり汲み取れるようになり「こんな商品を作りたい」「こういうイベントをやって集客したい」といった

自発的な意見が出てくるようになりました。さらに，仕入先に相談する
などして，やりたいことを具体的な形で提案してくることも増えまし
た。これはまさに，社長の考えを理解できているからこそ可能になった
のです。

　社長は当時を振り返り，工場で作るパンは単なる工業製品で，本当の
意味でお客様が喜ぶ“パン”では無かったと言います。もちろん合理的
な視点に立てば，5店舗のパンを作るために工場を持つことは稼働率の
面からも良いことです。しかし，工場や店舗の社員たちがお客様を見ら
れなくなることで独りよがりになり，「良い商品でお客様に喜んでもら
う」という商売の基本を忘れてしまったのです。この点について社長と
私は何度も話し合い，企業を継続させるために涙を呑んで工場閉鎖を断
行しました。その際，資金繰り予定をしっかりと作成し，売上見通しを
固めに立て，工場閉鎖による削減効果を数字で積み上げていきました。
そして，不足する資金をどうするか夜遅くまで検討したのです。その
時，あることをヒントに「食パンの前売り券」を販売することにしまし
た。この販売が予想以上に効果があり，資金繰りを大きく支えてくれた

のです。しかし，閉鎖による金額の損失は大きいものでした。賃貸でしたが工場の内装や機械設備などに投資してわずか1年だったからです。ただ，その決断が少しでも遅かったら，恐らく会社は今の様な状態では残っていませんでした。

　その後，現場と数字をリンクさせ，POSデータをタイムリーに見えるようにし，「何時に」「どんなパンが」「何個売れたか」や，時間帯別の来店客数などを把握し，売上低迷という絡んだ糸を，少しずつ紐解いていったのです。そしてさらに進化を続け，今では現場で何が品切れでチャンスロスになったのかなど，すぐに気づける仕組みを構築しました。これにより，社長は現場に的確な指示が出せるようになり，店長も絶対に品切れをしてはならないという意識で，緊張感をもって店舗運営ができるようになりました。この好循環を作り出したことで，改革1年後の決算は黒字に出来たのです。

単位：円

	13期	構成比	14期	構成比
売上高	282,878,102	100.0%	296,243,513	100.0%
売上原価	91,149,328	27.1%	96,236,802	32.5%
売上総利益	191,728,774	57.0%	200,006,711	67.5%
販管費	188,792,875	56.2%	188,317,460	63.6%
営業利益	2,935,899	0.9%	11,689,251	4.4%

　中小企業の社長は，なかなか客観的な視点を持てず，決断に迷い1人で悩んでいます。滝沢社長も同様で，迷った時に金融機関に相談したら，「もっともっと合理化を図るべき」「店舗の製造の人員を削減すべき」というアドバイスしかもらえませんでした。そのような決断をしていたら，社員のモチベーションはさらに低下し，商品力も低下して，さ

らなる売上減につながっていたことが予想されます。そしてこの悪循環が止められず，資金繰りがもたず会社は倒産していたことでしょう。

（4）社長の役割とは

どの中小企業でも言えることですが，社長の考えは現場にはなかなか理解されません。当社でも当時のことを振り返って，社員は「社長の指示がその時々によって変わり，求めているものが良く分からなかった」と言っています。これは，人を介して聞いた時とのニュアンスの違いによるものですが，その根本原因は「会社の目標や成果など，様々な情報を共有できていなかった」という単純なものです。業績が改善しない企業は必ず，社長と社員の間にこういったコミュニケーションギャップがあります。社員も「うちの社長は言うこととやることが違う」などと不信感を募らせ，誤解がどんどん広がり，本気で仕事をしなくなってしまうのです。まずはこの根本をしっかり改善することが大切です。そのため，現場の社員に社長の考えをしっかり理解してもらわなければなりません。難しい財務分析など必要なく，全員で団結し心を1つにして改善に取り組むことが何よりも大切なのです。

また当社では，社員に対して利益を還元する仕組みを作ったことも改善に有効でした。店舗ごとの業績を給与や賞与へ反映させ，頑張った分にはしっかり報いるようにしたのです。さらに男性社員に対して，彼らの奥さんが「いつも遅くまで働いてくれてありがとう」とお礼を言うように仕掛けをつくり，モチベーションアップを図りました。これらの取り組みが上手くかみ合うことで，会社全体が盛り上がり，業績を一気に回復させることができたのです。

	15期	構成比
売上高	330,177,501	100.0%
売上原価	106,294,569	32.2%
売上総利益	223,882,932	67.8%
販管費	197,265,771	59.7%
営業利益	26,617,161	7.9%

単位:円

　「会社は利益を出さないと続けられない」と滝沢社長は言います。企業を取り巻く経営環境は常に変わり，社員の採用や残業の問題なども頭の痛い問題となってのしかかってきます。人件費の上昇もますます負担となり，今後は一層利益が出しにくい状況になることが予想されます。それに備え，滝沢社長は新しい取り組みをどんどん行いながら改革を継続しています。そして，社員がしっかり応えていける土台づくりにも余念がありません。こういった状況になってこそ，企業は利益を出して行けるのです。

(5) 金融機関に求めることは何か

　最後に滝沢社長は，金融機関に対して「本当に企業が今どういう状況にあり，どうなっていくかの判断をできるようになって欲しい」と言います。金融機関は「決算で実績が出てから検討します」という言葉を繰り返し，過去の数値にばかりこだわります。しかし，企業には良い流れが出来てきても，損益の実績に反映するのは多少時間がかかり，資金繰りが改善するまでには，さらなる時間を要します。まして，決算書に反映してくるのは，もう最後の最後なのです。本当に資金が必要なのは，改善に着手するタイミングや改善傾向になってきた時です。つまり，「売上を落としてでも粗利を重視した戦略を取る」「売上に見合っていない営業所や店舗を閉鎖する」時などです。こういった戦略の場合，固定

費の削減によって収支が均衡するまで，売上の減少から一時的な資金不足に陥ります。経営改善にはこういった取り組みが必要なのですが，金融機関はこれに対して追加融資を検討してくれません。

　当社では，社員も社長の明確な目標のもと，一致団結して経営に取り組むよう変わることができました。社長は奥さんに「苦しいときに支えてくれてありがとう」と常に感謝しています。現在さらなる成長に向けてもう一段階の改革を行う予定ですが，社員もやる気に満ちあふれており，必ず目標を達成するというムードが高まっています。

　このように，思い切った様々な改革を実行することで，これまでに無いほど強い会社に生まれ変わることができたのです。

コラム⑫

常識を疑う

　企業では，ただの慣行にすぎない事柄がやがて"常識"になってしまうと，社員はそれがそもそも正しいのか，誰も疑問に思わなくなります。例えば「この作業はこういうものだ」と変に納得してしまい，誰もおかしいとは感じなくなるのです。企業経営において，これほど危険なことはありません。

　社長や幹部はまず，"常識"となってしまっていることを，このままで本当に良いのか疑うことが重要です。また，臨機応変に対応できる柔軟性を持つことが重要になるのです。

第10章

金融機関による資金繰り改善支援

10-1　金融機関の支援と職員の意識

　私自身，金融機関に在籍した10年間を振り返ると，決算書の数字に縛られ過ぎて企業の実態が見えていなかったと強く感じます。企業支援の立場で10年ほど仕事をする中で，ようやく社長の言うことを理解できるようになりました。それは，企業を内側から見る経験が無いとなかなかできないことなのだと思います。具体的には，決算書の目線以外に「働く従業員の目線」「お客様の目線」「取引先の視点」でも見ていくことが，企業理解のためには必要なのです。

　正直な話，私も金融機関時代は，社長との面談や決算書から得た情報で，企業を全て理解していると思っていました。そして，決算の内容が悪くスコアリングが低い企業にはおざなりな対応になっており，融資の申し込みがあっても「ハイハイ，お金が欲しいのね，でもおたくには貸せないよ」と，あまり検討もせず判断をしていました。それは決算書を元にしたスコアリングシステムが，企業の未来について考えることを放棄させていたのです。社長は企業活動を滞りなく正常に進め，働く社員に給与をしっかり払うために融資を求めているのであり，決して遊ぶためではないのです。この基本的なところを，金融機関も改めて認識することが大切です。ただし，単なる甘えのための融資，また問題の先送りになっていないかは確認する必要があります。

　また，資金繰りをしっかり理解しないと，資金の重要性を身に染みて理解することはできません。企業活動の血液である資金は，経営改善に着手する場面においても必要不可欠です。

　返済の可能性は決算書である程度見えるため，大きなものを掴むには

事足りるでしょう。しかし，それらは所詮過去のものです。未来を過去の延長で見ることも一部では正しいのですが，どう変わっていくかは決算書に現れないため，将来像を自ら予測しなければなりません。しかし，金融機関にはそこを評価する仕組みがほとんどないのです。「この社長と社員のいる会社なら間違いない」という点をどう見抜くかがポイントとなります。どの企業も良い時と悪い時あり，様々な困難を乗り越えて今があります。経営環境も社員も，そして社長自身も進歩しているはずなのです。

リスケジュールしている中小企業は，なかなか業務改善できずに苦しんでいます。金融機関も表向きは中小企業の支援をうたっていますが，序章で既述の通り成果を出せていないのが現状です。例えば支援の1つとして，経営改善計画書の作成支援と進捗管理が挙げられますが，そこでのやり取りはある種，特殊なものと言えます。つまり"事業"というものを知らない金融機関の職員が，事業計画について指導しているのです。決算書の数字だけを見て，「企業経営はどうあるべきか」「事業計画はどうすべきか」と指導しても，恐らく社長にとって何ら有効なアドバイスにはなっていません。計画書の数字の体裁を整えることにフォーカスし，文章の言い回しである国語の採点だけになりがちです。こういった状況では，企業支援ができているとは到底言えません。

金融機関は「抜本的な改善策」という言葉を多用します。この言葉は債権者である金融機関にとって便利で，何かあるとすぐ「抜本的な改善策はどうか？」と口にしてしまいます。これを企業に要求するのは簡単ですが，逆に金融機関から実態を踏まえた抜本案はなかなか出せていないのではないでしょうか。金融機関が考えられるのは「役員報酬を減ら

せ」「社員を減らせ」「資産を売れ」くらいです。"事業"というものを理解した上で言うのなら良いのですが，単に数字だけ見て言っている場合には注意が必要です。金融機関は，自分たちの考えを押し付けがちで，特に業績が厳しい企業に対してはそういう傾向が強いと感じます。"弱い者には強い"のが金融機関の性なのでしょうか。

　次に，金融機関職員の意識はどうなのでしょうか。ここで，以前私が経験した事例を紹介します。ある日，経営再建中の企業とメインバンクとの打ち合わせがありました。夕方に銀行へ来店要請があり，そこからの打ち合わせでした。3月という大変多忙な時期だったこともあり，リスケジュール企業の当社は最終の17時に面談となったのかも知れません。本部の担当者を含めた銀行側に対し，資金繰り見通し等を報告しました。ただ，行員の一人はこちらが話している時，"あくび"を何度もしていたのです。企業が生きるか死ぬかと非常に神経をすり減らしている状況の中，とても温度差を感じました。企業の必死の取り組み内容など，所詮は他人事なのです。その企業の資金繰りがどうなるかは，自分の成績にとって大した問題ではないのでしょう。そういった場面を見てしまうと，口では最もらしいことを言っても，金融機関の本音は違うのだと感じざるを得ません。

10-2　決算書の見方

　私自身のこれまでの経験を元に，金融機関は決算書をどう見るべきか紹介していきたいと思います。

　金融機関は決算書を見る時，「粉飾は無いか」「悪いところはどこか」という視点しか持っていません。同業他社と比較して「ここが悪い」などを説明する「傷塩分析」が金融機関の一般的なやり方です。それは傷に塩を塗るということです。社長は自分の悪いところは痛いほど分かっており，それを更に言われるということは，「恐怖」でしかありません。これでは金融機関を嫌いにならない訳がないと思います。では，どういう視点で決算書を見るべきなのでしょうか。それは，「社員が活き活きと働いているかどうか」「社員をもっと幸せにするにはどうしたら良いか」といった目線で数字を読み，考えるのです。傷塩分析とは違いこれの答えは1つでは無く，企業ごとに違い，様々な視点で柔軟な発想が求められます。「社員が活性化して働ける会社にする」という点を，財務の数字をもとに考えていくことが重要です。これが成長している企業では顕著に表れているのです。

> ### 従来
>
> 同業他社と比較して
> 悪い点を指摘する傷塩分析

> ### 今後
>
> 社員の幸福を考える分析

　金融機関は決算書の数字の良し悪しは分かりますが，企業活動をあまり理解していないため，業績の良い企業の決算書を見ても何も言えない

のではないでしょうか。「御社はすごいですね，好調でいいですね」だけになり，何ら有益な発想が出てこないのです。業績の良い企業であっても本当は多くの問題を抱えており，どうしたらいいかを真剣に悩んでいます。それに対し課題を見つけ，アドバイスが何も言えないのでは，社長から信頼を得ることは出来ません。社長は金融機関の職員を厳しく評価しています。信頼を得るためには，企業活動を見て既述のような視点で財務分析をすることが重要です。

　また，多くの金融機関職員は試算表から業況を判断する場合，P/Lの利益に目が行きます。しかし，期中では棚卸をしていない企業も多く，売上の締めや原価との対応などにおいて，損益が正確でないことも多々あります。金融機関は稟議で必要なため試算表を提出してもらうケースが多いですが，あくまでこの利益は仮の姿であると考えるべきです。では何から読み解くのかというと，それは「現預金の残高」です。毎月の返済が順調にされていて，現預金が少しでも増えていれば，利益はキャッシュで残っていると分かります。逆に減っている状況は，よっぽど仕入が先行しているなどの場合を除き，通常の企業活動ではあり得ません。そういった資金循環の年間の大まかな流れを社長との雑談の中で事前にヒアリングしておくことが，企業審査においても重要となります。ここでも資金繰りの考えが重要になるのです。そもそも，利益というのは実態のない数字に過ぎません。資金として残って初めて利益なのですから，そこを重視して企業を判断することが大切です。

10-3　借りない資金繰りを使った改善支援

　金融機関が審査資料を企業に提出してもらう際，試算表に合わせて資金繰り表も依頼する場合があると思います。しかし，企業がなかなか作成できないことも多いのではないでしょうか。

　そこで金融機関は，企業に資金繰り表を提出してもう際，その作成を依頼するのではなく，作成のための根拠となる資料を要求すると良いでしょう。つまり，面倒でも金融機関の方で資金繰り実績と予想を作るのです。企業から提出された資金繰り表を見ても，ただ「資金ショートしないか」だけを確認することになり，問題点や改善点は何も浮かび上がってきません。金融機関が審査に当たり資金繰り予想を考えられないのであれば，企業の審査などできていないと同然です。

　資金繰り予想の作成は，本書の4章から6章までを参考にすれば可能です。そして，実績の資金繰りとB/Sを分析することで，企業の問題点も見えてきます。また，資金繰り予想を作成する過程で融資の妥当性と返済の可能性も分かり，「この企業は，どこから手をつけ，どのくらい改善できるか」等と考えることができます。例えば売掛金の回収率アップや固定費の削減などで改善できれば，「借入をしなくても繰り回していける」ということにも気づけるでしょう。企業が問題を放置している限り，借入は減らないものです。すなわち，金融機関が先んじてこれらに気づき，企業に提示していくことで，無暗に借入金を増やさない“借りない資金繰り”が実現するのです。こういったことが，金融機関のできる支援の1つです。またリスケ先に対しても，返済額の増額をただ言うだけでは，社長は多大なストレスと感じます。改善の道筋を示しつつ，“社長と一緒に走る感覚”を持つことが重要です。資金繰りで様々

なシミュレーションを示して，企業にどうしたら良いかを理解してもらうことが大切なのです。具体的には，「売掛金の回収が毎月1,000万円で，変動費の支払が40％なら，固定費の支払を毎月あと40万減らせれば借入金を年間500万円削減でき，資金繰りは回ります」といった感じです。

　その他，金融機関ができる支援として，同業他社または異業種でも，業績の良い企業へ支援企業を連れていくことが挙げられます。そして，そこの経営者の話しを聞いてもらい，自社に不足していることや，やるべきことなどに気づいてもらうのです。その際，社長だけでなく幹部も一緒に連れていくと良いでしょう。間違いなく大きな刺激を受けます。企業は社長が1人で頑張っても限界があり，幹部が変わらないと全体を変えることはできません。金融機関が口酸っぱく言ったところで，当の社長は「外野がうるさい」程度にしか思っていないのです。金融機関もこういった社長の態度に不満を募らせますが，自分達も「社長の心に響かせることができなかった」と，振り返り反省することが大切です。金融機関は「企業を信じること」が支援のベースになり，そして「いかに企業に気づきを促せるか」が大切なのです。

　社長の頭は，「受注増で業績改善させること」で一杯です。しかし，売上を増やすことだけが改善ではありません。金融機関は，損益分岐点の算出と分岐点を下げる策が的確なのか判断すること，またそのための施策を提案できるかが重要になります。そのための着眼点の1つが「撤退」です。企業はいったん引き下がり，陣営を固めることも大切です。金融機関はその「撤退」のための融資も検討していくべきです。撤退するには，相当な資金が必要になるので，企業もなかなか実行できず，ズ

ルズルと業績悪化を長引かせているのです。金融機関では「業績改善が決算に表れてから検討します」とよく言いますが，それでは遅いのです。こういった融資で企業が良くなれば，長く続く取引先になることは間違いありません。金融機関も資金繰り予想を作って，撤退により固定費がどれくらい浮くのか資金繰りに落としてみれば，こういった踏み込んだ支援も可能なのです。「わからないから」で片付けてしまうのではなく，金融機関も自ら数字をはじいて，確信を持って企業に接する心構えが必要なのです。そうすれば，収支改善により返済が可能かどうかを見え，融資判断もできるはずです。

このように，資金繰り表とB/Sを見てむやみに借入を増やさないよう企業にアドバイスすること，また改善に当たり必要であれば撤退のための融資も検討することが，金融機関に求められる支援だと思います。

10-4　経営者との円滑なコミュニケーションのために

（1）社長の腹に落ちる数字が決めて

　金融機関は業績悪化企業に対し，決算後に計画書を作成するよう指示することがあると思います。しかし，その計画書の数字が社長の腹に入っていなければ，行動を変えることはできません。社長がこれまでの経験で身につけた数字，「本気でやりきる」と思えるようなシンプルな数字が大事なのです。そのため社長は，金融機関から外注費を年間いくら減らせなど数字で示されても納得できないのです。

　社長は必ずなんらかの数字をもとに，今後の方向性を真剣に考えています。しかし，その数字が本当に有効なものか社長自身が見えていない

こともあります。金融機関はそういった点を確認し，もっと有効な数字を提案し，社長の視野を広げ正しく動けるようにアドバイスすることが大切です。

（2）企業の課題克服をサポート

どんな企業でも必ず，問題・課題を抱えています。しかし，毎日の業務に追われ改善に向けた取り組みの実行に至らないのが実情です。それをサポートする人がいるのと居ないのとでは，自ずと進み方は違ってきます。金融機関は，ここの一旦を担う事はできないでしょうか。

そのためには，財務面・資金繰り面での動きを深堀りしたり，営業・生産・管理と分けて課題を抽出するなど，日々企業と接する中で情報を蓄積するのです。そして，企業が赤字の原因をしっかり分析して課題にできているか，執念を持って解決しようとしているか，さらには，それに対し全社的に取り組む仕掛けが作れているかどうかも見ていきます。このような意識をもって接すれば，企業の信頼を得ることができ，よりよい関係構築ができるはずです。

（3）社長へ敬意を表することの大切さ

企業の現在の業績がどうであれ，金融機関はまず企業と社長に対し敬意を表することが大切です。どの企業も今日に至るまで数多くの困難に直面し，それを乗り越えてきた歴史があります。中小企業とはいえ，社員を雇用して事業を継続することは本当に大変です。改善に向けて社長に強く言うことは良いのですが，しかしその裏で「本当に良くなってもらいたい」という思いと，社長に対する尊敬の念が無ければ，行動を変えてもらうことは難しいでしょう。こうした熱い思いがあってこそ信頼関係が生まれるものなのです。単に固定費削減の成否ばかりを見るので

はなく，企業の実態にあった適格なアドバイスを「敬意」と「熱意」を持って行うことで，社長自身を変えていくことができるのです。

(4) 社長とじっくり話をする

「中長期的なあるべき姿をイメージし，企業のベースとなる持久力を評価し，解決すべき課題を抽出。そして，それらを把握した上で資金繰り予想を作り，その課題解決と資金繰り改善に向けて社長とじっくりと話をする」。これが，金融機関における企業支援の1つの形です。

社長は常に悩んでおり，それがモヤモヤした状況となっているので，これを対話の中で解消してあげると，すっきりして元気になるはずです。社長は人から言われてやることは好きではありません。自ら気づいて行動したいのです。

(5) 絡んだ糸を解いていく役目

金融機関は，自分が言ったことは全て正しい，それを聞かない社長が悪いと考えてしまいがちです。

しかし，計画書作成や経営改善など，社長がだめで出来ない，進まないと考えるのは早合点です。その理由を確認せず，結果の数字だけ見て文句を言うのは誰でもできることです。企業にとって何が業績改善のネックとなっているか，絡んだ糸を解いていき，それを取り除くためのアドバイスができなくてはなりません。これは，財務を見る金融機関だからこそ，できるものなのです。

あとがき

　本書を最後まで読んでいただき誠にありがとうございました。

　本書は，もともと小冊子として私の出身である日本政策金融公庫の方達に配布していたものを，同友館の佐藤文彦さん，武苅夏美さんから出版の提案をいただき書籍化したものです。こういった機会を下さった同友館のお二人には，心より感謝しております。

　中小企業の支援を開始して約10年，これまで多くの社長様とご一緒させていただきました。そこでは，公庫在籍時代には知りえなかった，社長のすごさというものを見て勉強させていただきました。多くの社長は何歳になっても事業意欲が衰えません。決して弱音を吐かず，環境の変化を先読みし，従業員が上手く動けるよう叱咤激励し，製品やサービスの向上を図って競合との競争に挑んでいます。これは，常に神経を鋭敏に研ぎ澄まさねばならず，多大な努力が必要で，当然ながら幾度も辛酸をなめているはずです。しかし，どの社長も挑戦することを止めません。このバイタリティーはどこから来ているのでしょうか？　それは，「仕事が生きがい」であること，これに尽きると思います。どの社長も自分の全人生をかけて挑戦しているのです。寝ても覚めてもお客様や社員のことを考え，自己のことは顧みず，24時間365日仕事に邁進しているのです。私自身，公庫にいた時には，社長という存在をここまで深くは理解できていませんでした。

　金融機関の方々に，中小企業の社長と同じ感覚を持てとは言いません。しかし，こういった社長の生き様を少しでも理解して，支援してい

ただきたいのです。例えば，リスケジュールをしている企業に対して，金融機関の職員は本気で正常化しようと努力せず，「もうこの会社はダメだ」「時間をかけても仕方がない」と考え，事務的な手続きに終始することも散見されます。しかし，金融機関も経営には多少の失敗もつきものだと考え，安易に「ダメな社長」という烙印を押さず，努力を評価し，これからの可能性をもっと信じることが大切です。そして，良くなるために何が必要かを，過去の財務などを見ながら社長と一緒に考えるのです。多くの取引先を有してマッチングできることや財務が読める金融機関だからこそ，できる支援策は多いはずなのです。

　私の祖父は約70年前，戦禍の爪跡残る都内で創業しました。しかし無理がたたったのか私が幼い頃，60代という若さで他界しました。そのため，祖父から企業経営について直接教えてもらったことはありませんが，「企業が長く続くためには何が必要なのか」「いかにしてお客さんを掴むか」など目に見えない祖父の考えを，幼い頃から感じ取っていました。戦後にリヤカーを引いて1人で都心に出て来て，「自ら苦労を買ってでもする」「お客様最優先」「自分の給与は後回しで社員にできるだけ多く還元する」といった商売の基本と言えるものを祖父は徹底していたようです。経営は順風満帆では無かった時もあり，HONDAの代理店をしていた時は支払などの資金繰りに困り，会社を守るために本当に苦労したようでした。そんな苦境にあっても，苦労を厭わず戦後の時代を生き抜いたのだと思います。

　私自身，公庫で10年，企業支援を10年させて頂く中，中小企業も財務と資金繰りを活用し，もっと正しい方向で努力すれば業績が改善し，社長も前向きになって，会社も活性化することが分かりました。この考

え方が「借りない資金繰り」の基本です。売上拡大を目指して人を入れて，借入をして設備を購入し，"後は運任せ"といった経営では外部環境の変化がめまぐるしい昨今，企業を安定させ成長させ続けることはできません。「借りない資金繰り」でB/Sを考え，資金繰り表を活用して数字でしっかりと先を見た経営をしていくことが「安定した成長」につながるのです。現在，借入過多で苦しんでいる企業の1社でもこの「借りない資金繰り」を実践して，企業を成長発展させていただけたら幸いです。そして，本書が中小企業と金融機関の良好な関係づくりの橋渡しになれば，こんなに嬉しいことはありません。

　最後に，本書の出版に当たり，事例の中で実名と数値を公表いただいた株式会社プラスパンの滝沢光男社長には改めて感謝申し上げます。また，日本政策金融公庫の元支店長である榎本明さんには，私の独立時から一緒に仕事をしていただき，企業経営における数字の基本的な見方，考え方をご教示いただきました。同じく日本政策金融公庫の元営業第一部長の徳地重雄さんには，多くの中小企業と接して来た豊富な経験から，中小企業の社長の考え方や組織運営などについて教えていただきました。また，金子俊夫さんには，中堅企業の取締役経理部長としての経歴から，企業を経理の立場から変えていく考え方などを教えていただきました。さらには，谷口麗雄君には「借りない資金繰り」のシステム化に貢献してもらい，出版に当たって資金繰り表などの帳票類で協力いただきました。最後に，妻の規子には本書の編集で早朝から付き合ってもらい，今回の出版に大きく貢献してもらいました。同友館の佐藤文彦さんを含め，皆様のご尽力に対し，ここに厚く御礼申し上げます。

　平成29年10月　　　　　　　　　　　　　　　　　古尾谷　未央

『B/S改善・AI資金シミュレーションICAROS-V』の紹介

　本書で紹介した「借りない資金繰り」を実践するためには,ICAROS-Vを活用することも有効です。こちらは,借入金を適正規模まで削減し,B/Sを改善するためのクラウドサービスです。人工知能を活用することで,資金繰り実績を手間なく容易に作成することができ,またAIシミュレーション機能により,資金繰り計画からP/L計画,B/S計画まで一貫して自動で作成できます。

B/S改善　AI資金シミュレーション
ICAROS-V

---

1. 正確な資金繰り実績の作成

　全ての会計ソフトの現預金データを取り込み,得意先ごとに振り分けて,資金繰り実績を自動で作成します。

2. 予想シミュレーション機能

　人工知能が企業の評価を行い,企業の将来を勘案して「成行・楽観・悲観」など様々なパターンの資金繰りを予想します。また,借入の必要な時期と額をサジェストします。

3. 資金繰り計画からB/S計画まで連動して自動作成

　分岐点分析等を行って,必要となる改善策を自動でシミュレーションします。そして,資金繰り計画,P/L計画,B/S計画が一貫して簡単に策定できます。また,計画と実績の差異分析により,先が見える経営を実現します。

なお，ICAROS-Vの帳票は全てExcelに出力ができ，編集すること
も可能です。

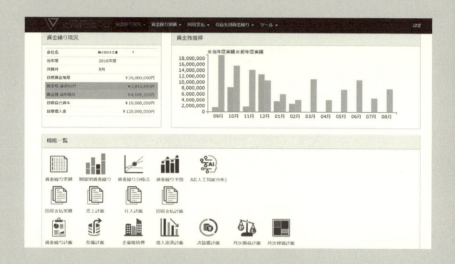

　資金繰り表などの帳票は金融機関のフォーマットにも準拠しており，
金融機関への提出書類としても活用できます。

　また，ICAROS-Vを活用し資金繰り計画等を策定し，承認いただい
た金融機関の実績は下記の通りです。

三菱東京UFJ銀行，みずほ銀行，三井住友銀行，東京都民銀行，千葉銀行，
横浜銀行，八千代銀行，朝日信用金庫，興産信用金庫，西京信用金庫，日
本政策金融公庫，商工組合中央金庫など

また，金融機関の中にはICAROS-Vを活用し，弊社と連携して企業支援を行っているところもあります。本書の「借りない資金繰り」によって，中小企業と金融機関の良好な関係を構築していくことも可能です。

問い合わせ先

 ㈲竹橋経営コンサルティング
takebashi management consulting

㈲竹橋経営コンサルティング
http://ai-shikin.com
東京都千代田区神田錦町2-5　第一大隆ビル3階
TEL 03-6407-8799　MAIL：info@ai-shikin.com

■著者プロフィール

ふるおや　みおう
古尾谷 未央

大学卒業後，中小企業金融公庫（現，日本政策金融公庫）へ入庫。10年の在籍
で融資，審査，事業再生，債権管理など中小企業金融に関する幅広い業務を経
験。その後，㈶日本生産性本部を経て，元上司の支店長とともに中小企業向けの
コンサルティング会社を設立。㈲竹橋経営コンサルティング取締役社長。

"重視するのは拡大より継続"を理念とし，B/S改善・AI資金シミュレーション
「ICAROS-V」を活用したコンサルティングを中小企業向けに展開して10年の
実績を持つ。人工知能を搭載したICAROS-Vによる「借入金の削減」や「リス
ケジュールの解消」は金融機関からも定評がある。また，「借りない資金繰り」
の仕組みづくりを中小企業向けに行っている。その他，日本政策金融公庫をはじ
めとする金融機関で，職員向けの研修講師を務めている。

著書
「新米社長チワワ vs 政府系金融機関　ストーリーでわかる！企業再生と銀行取引」
「銀行員が納得する経営改善計画書」

 ㈲竹橋経営コンサルティング
takebashi management consulting

http://ai-shikin.com

日本政策金融公庫出身者で構成。
資金とB/S改善コンサルティングを中小企業向けに展開している。

東京都千代田区神田錦町2-5　第一大隆ビル3階
TEL：03-6407-8799
MAIL：info@ai-shikin.com

2017年10月30日　第1刷発行

借りない資金繰り

©著　者　　古尾谷　未央

発行者　　脇　坂　康　弘

〒113-0033 東京都文京区本郷 3-38-1
TEL.03(3813)3966
FAX.03(3818)2774
http://www.doyukan.co.jp/

発行所　　株式
　　　　　会社　同友館

三美印刷／松村製本
Printed in Japan